江城心语

高永强 著

商务印书馆

高永强，1959年生，中共党员，高级经济师、重庆市人民政府参事、中国建设银行资深专家。深耕金融行业近四十年，曾任建行重庆市分行风险总监、纪委书记；荣获全国"建设银行系统思想政治工作先进个人"，人民银行、建行总行"一等功臣"称号。出版有专著《商业银行风险管理实务》《商业银行内控合规管理实务》等，并在报刊上发表了十余万字的经济时论纵谈。

· 序 ·

天地之大，无非事、理、心。事既有人为之事，亦有自然之事；理寓于事中，虽人各有不同，自然气象万千，而古今一理。事有大有小，小至喝茶、吃饭等日常生活，大至国家兴衰、民族存亡；然事易现而理难明，故政治、教育、科学、军事乃至文学等各专业，无非是明理之道。故世有所专，行业亦有行业之道，世间之事即转化为专业之事与理。但是，事是人之事，理是人所明，每一事必有人，每一理必为人所悟。故古人以天、地、人三才，可见"人"之主体地位。

人在天地之间，唯做事、明理，方才为人之道。人与禽兽异者，乃人做事时，能有所为，亦能有所不为；明理时，既能明自然与生活之物理，又能明家庭与社会之伦理与天地之间的天理，即物理、伦理、天理。人的二十四小时、四季乃至一生，生老病死，既有自然现象，又有其自然物理；故人应合乎自然之物理，乃能养生，身体与生命循自然之理而有序运动。人生活于自他相依而交互中，人际往来之"宜"乃为礼；迎来送往之间，粗茶淡水等物，金融经济等事，皆有其物理。人的关系繁杂，而人之精力有限，必择其重要者而处，无非家庭、事业、社会与国家等四大关系。人际关系之理为伦理，故有忠孝持家、朋友重义、保家报国等，既是伦理，也是情怀。最后是"天理"，即为常然、必然与偶然之理，既有"物理"之常然与必然，将自然与生活之日常规律转化为天地大道；又有"伦理"之常然与必然，将人之当然有所为、有所不为给予普遍规律的支持,即"伦理"的天理化过程;更有"天理"自身之悟,如生命之哲思。

人有眼、耳、鼻、舌、身、意等六根,心为人之主,依感官而感自然与生活,依意志与认识而做事与做人,依哲思而明理。有所感、有所思、有所悟,必有所文。文之"体"是载道,即文以载道;天理难明,深思者、体悟者而有所明,故以文呈己心中之所悟,既有天地大道之悟,也有生命哲学与日常生活经验总结。文之"相"是明志,即文以明志,天理乃天下公理,而"志"依理而各有所不同;故人以文彰显己之价值观、人生志向与生活志趣。人之不同,在于"志"不同,人各有志乃为人生方向不同,故步向不同的人生。文之"用"是怡情、述境、导世,文有所发而出版面世,必有所影响;自利者,怡养心情与记述情境;利他者,有缘者读之,必有所相应与回向,故有所导、有所化。

著文者,亦乃做事过程,依此"文字工夫"而述物理、论伦理、探天理。述物理者,即观察自然之境、时代变革与社会现象;论伦理者,则人之种种当然,当敬天、爱人,当遵仁义礼智信,当慈悲喜舍无量;探天理者,乃己之所思,冥合天地之道与天地之化。物理乃人之有限时空之理,故述物理者,多呈现己之时空,如乡土社会、风俗民情;伦理乃人之道德与文化之理,故能超越个体限制而论国家文化;天理者,乃天下公理,超越国家、民族等种种限制。故著文者,当思天理、尊伦理与循物理。

今有高永强君,居山城重庆,于金融工作之余,勤思天理,常论伦理,恒循物理,著《江城心语》一书。虽小论、偶得,莫不是物理之现、伦理之论与天理之探。蚌壳得珠,千淘得金,日常小事,偶然所思,跃于纸上者,莫不是其家国情怀与人生哲思。其岁月有年,笔耕不辍,孜孜不倦地行走于文学之路,现中华文明之古风,著文以载道、明志、怡情、述境与导世。

余与其虽未谋面,而商务中林先生古道热肠,力促著文以结善缘。天地之大,缘来缘去,缘乃天理,善缘为伦理。故述事理之缘,愿广结善缘,国泰民安!

圣凯教授

清华大学哲学系副主任 道德与宗教研究院副院长

2020年2月11日于清华园

· 自 序 ·

时间如白驹过隙,我任职建设银行,已然三十七年。这些年来,基于在银行从业的实践与体会,我曾先后出版有《商业银行风险管理实务》《商业银行内控合规管理实务》等专著,获得了业界的好评。在对金融行业的专注之余,作为一名文学爱好者,闲暇时我也喜好阅读诗词歌赋、经史子集,贪慕于沧海浩瀚,陶醉于珠贝珊瑚。所见所思所感,凝于笔端,聚沙成塔,集腋成裘,屡屡见诸报端期刊。每周五的"小论"也总在微信朋友圈如约而至,友人皆呼辞趣翩翩、一语中的,进而建言:独乐乐不如众乐乐,不能总是韬光养晦——小论编汇成册,立意也正源于此。

时间回到十年前的一个夜晚,似若天启,我自觉五十岁人生迟暮,该为自己的生命留下一道印痕。案牍之外,我学会给自己留出一方空间,让心休憩——读读书、写写文,做自己喜欢做的事。读书与写作,令人充满活力、感到充实,拓展了我生命的广度和深度。在一草一木间,在一花一叶中,烦忧渐渐淡去,内心安然而踏实。得益于植根内心的修养与自觉,我开始每周坚持读一本书,每日坚持写一篇日记;除此之外,还重拾被岁月磨钝的中书君,每周坚持写一篇小论,内容涵盖事业、生活、修养等多个方面,不知不觉,已有百余篇,达七十余万字。每每与领导、同事以及文友分享、交流,大家总充满着温情;于字里行间,志趣相投的朋友走得更近了,彼此之间的友情亦愈加真实、深厚。正是他们的激励,使我笔耕不辍，孜孜矻矻地行走于文学之路。山水之美，因人而彰；思想之美，因文而显。品悟人生之道的背后，是岁月的沉淀，更是理性的回归。

回想起来，撰写小论最大的困难，不在于立题之勇，不在于跋涉之苦，亦不在于佐证之烦，而在于如何大道至简，把庞杂、琐碎、看似枯燥的话题，以行文言家常话、论家常理，让读者于微言中收获大义。"其称文小而其指极大"，如何尊重一切言之有据的不同认知，如何使所有语句凝练得平易可感、易读易受，这大抵就是我书写小论的难点，同时也是初衷吧。

如何文以明道，用佳言为新时代的美好生活赋能添彩，一直是我的坚守。当然，必须精当而有哲思，"言"才能更贴切地传达真"情"与实"感"。如果把自己的"小论"比作"体"，那么它们所传递的人文内涵就是"魂"。"魂"要附"体"，"体"中有"魂"，该"顿挫"时就要"顿挫"，绝不能为了追求"流走"而回避甚至舍去"顿挫"。文如其人，言为心声，这是我一贯的追求。小论虽然语言平淡，遑论文采，更难称"二句三年得，一吟双泪流"，但彰显的是自己内在的风格。对我而言，这其中的艰辛，堪称以手掌碾碎石块，用体温焐化坚冰。

小论所敬畏、赞颂、倡导与抨击的，绝无制造噱头之念，亦无盲目跟风、故弄玄虚之意，而是为了去伪存真，"表达当守正，修辞立其诚"。本书的数篇文章，虽经整理而面目一新，但明显依然带有自己在不同的工作、授课场景，特别是跟文友交流时的痕迹。平心而论,我的小论虽多被褒奖,但也曾遇有疾言厉色。正是在交流、讨论与争辩的过程中,这些小论得到打磨、丰富与完善,终得成书,与读者见面。

笔者工作、生活在山城重庆,家居庭院依照母山、枕嘉陵江。若干年来,每一篇小论的署名多为"江与城",书写的是日常的所见所闻,流露的是真情实感,饱含的是家国情怀。用小论形式,毫无保留地将自己审视世界所感悟到的一切,用心语原汁原味地呈现给读者,故为该集取名《江城心语》。正所谓:"行云流水,初无定质,但常行于所当行,止于所不可不止。"本书八十篇文章内容涉及"修身齐家治国平天下"等方方面面,不一而足,既蕴含着自己的深情——亲情、乡情、干事创业的激情,又有对生活的感悟、对社会的领悟,更有爱国、报国的拳拳之情。读者如细心,或洞烛幽微,滴水见沧海;或溯流徂源,发明旨意;更可于巴山峡江的百里竹海、绝壁峭崖中体味到红岩精神、忠义使命……

碎片化的时间只能写出碎片化的作品,既然这些只是正职之余的闲情逸致,故以"小论""偶得"名之。但是,虽曰"小论",也是呕心沥血、皓首穷经之果;虽曰"偶得",也可谓蚌壳得珠、千淘得金。工作生活中的小事常蕴藏着大道理,要想发现这些美好,就需要怀有一颗热爱国家、热爱工作、热爱生活的心,从这个角度讲,小事不小,何况以小也能见大。希望这些文字能为读者带来正能量,这是我的心愿;当然,也是抛砖引玉,以求各位读者、方家的批评指正。

感谢我的女儿高钰、女婿虞洋,经常与我交流互联网、人工智能、大数据、共享经济、区块链等新知识与新理念,正是他们的思想火花,给了我写作的素材和灵感。感谢我的内人,她是每篇小论的第一位读者,是她的默默奉献和鼓励给了我持续笔耕的动力。同时,还要感谢我身边的工作人员师子峰经理,他几年来为我收集和整理文稿,我衷心感谢他的付出。

高永强于江与城
2019年11月20日

· 目 录 ·

爱国篇

002・祖国之小论
008・改革开放之小论
014・使命之小论
019・英雄之小论
024・忠义之小论
030・红岩之小论
036・春之小论
041・秋之小论
045・乡村之小论
051・底气之小论
055・土司之小论
061・沙滩之小论
066・涨价之小论
071・年关之小论
076・端午节之小论
080・清明节之小论
086・上元节之小论
091・曾家岩 50 号之小论

人生篇

- 098・人生之小论
- 101・命运之小论
- 105・梦想之小论
- 108・目标之小论
- 114・回忆之小论
- 118・亲情之小论
- 121・沉淀之小论
- 126・尊重之小论
- 130・舒服之小论
- 135・喜欢之小论
- 138・朴素之小论
- 143・魅力之小论
- 147・品味之小论
- 151・语言之小论
- 156・情绪之小论
- 160・转弯之小论
- 164・如果之小论
- 168・比喻之小论
- 173・夏天之小论
- 177・无龄感之小论
- 181・大道至简之小论
- 186・聚会之小论

修养篇

196・文化之小论
199・气节之小论
204・孝道之小论
208・谦逊之小论
212・释怀之小论
216・竹子之小论
221・信任之小论
226・斗志之小论
229・点赞之小论
233・唐诗之小论
239・宋词之小论
243・绘画之小论
248・读书之小论
253・魏晋风度之小论
257・读《桃花扇》偶得
262・读《长生殿》偶得
266・读《牡丹亭》偶得
270・读《西厢记》偶得
274・读《西游记》偶得
278・读《三国演义》偶得

事业篇

- 284 · 金融之小论
- 291 · 授信之小论
- 297 · 银行风险之小论
- 302 · 普惠金融之小论
- 307 · 住房租赁之小论
- 314 · 杠杆之小论
- 319 · 减负之小论
- 323 · 港湾之小论
- 327 · 狼性精神之小论
- 331 · 稳之小论
- 335 · 责任之小论
- 341 · 底线之小论
- 346 · 表达之小论
- 351 · 坚守之小论
- 356 · 说话之小论
- 361 · 交流之小论
- 366 · 理解之小论
- 370 · 斗争之小论
- 374 · 自律之小论
- 379 · 激情之小论

383　代后记 ——— 国风·战疫：除夕话出征

爱国篇

祖国之小论

2019.9.6

我最喜欢唱的一首歌是《祖国,慈祥的母亲》,歌中唱道:

亲爱的祖国,
慈祥的母亲,
长江黄河欢腾着
欢腾着深情,
我们对您的深情,
……
亲爱的祖国,
慈祥的母亲,

蓝天大海储满着

储满着忠诚,

我们对您的忠诚,

……

  什么是祖国?祖国就是我们脚下的这片土地,和土地上的人们,是我们整个中华民族。在这片土地上,河流纵横交错,山峰高耸入云,草原一望无际,古老的土地千百年来造就了中华民族至高的美和至深的爱。爱您,悠久的历史和璀璨的文化;爱您,辽阔的地域和丰饶的物产;爱您,茂密无边的森林和巍峨壮丽的群山;爱您,挺拔如脊梁的昆仑,奔腾如巨龙的黄河。四大发明使您辉煌灿烂,老子孔子让您闻名遐迩,丝绸瓷器令您光彩照人。大禹治洪水安天下,三过家门而不入是为了您;屈原忧愤满腔,投身汨罗江是为了您;人民解放军浴血奋战,抛头颅、洒热血是为了您;无数的科学家、艺术家、文学家拳拳赤子心奉献出自己的智慧才华、艰辛创造是为了您;建行人六十五年呕心沥血,与祖国的工程建设者们一起爬高山,涉险滩,顶酷暑,冒严寒,吃干粮,住工棚,成为新中国建设大军中的金融"拳头部队"是为了您:我的祖国——中国。

祖国是哺育我的母亲。我的名字叫永强,父母告诉我寓意是祝福祖国永远富强。这个烙印着时代印迹、沉淀着家国情怀的名字,让我无比骄傲和自豪。我们这代人,是唱着"五星红旗迎风飘扬,胜利歌声多么嘹亮,歌唱我们亲爱的祖国,从今走向繁荣富强"成长起来的一代人。祖国啊,我们在圆明园认识了您的屈辱、您的愤怒,我们在驿道古渡认识了您的悠久、您的坎坷;上下五千年,英雄万万千,"黄沙百战穿金甲,不破楼兰终不还"。这是每一个龙的传人永恒的心愿……

我与新中国同一天生日,也是共和国建设的参与者,陪伴年逾古稀的新中国度过了六十个春夏秋冬。白驹过隙,随着自己阅历的日积月累,祖国在我心中的分量也越来越重。爱国,是一种深沉持久的情感,是一个人的立德之源、立功之本。一个人只有心系祖国,才会健康成长,人有志、家有谱、国有史,从筚路蓝缕的探索之路,到改革开放的富强之路,再到走向复兴的圆梦之路,新中国的发展是一部开天辟地的创业史,更是一部华夏儿女永不停滞的奋斗史。

奋斗不止,因为"我有祖国,祖国有我",七十载砥砺奋进,祖国在我们心中,祖国在我们面前,在校园里、工厂里、银行的储蓄网点里……诗人艾青写道:

> 为什么我的眼里常含泪水?
> 因为我对这土地爱得深沉……

那就是热爱自己的祖国。在我们身边,快递小哥大街小巷穿梭忙碌,环卫工人顶风冒雨守护城市,基层干部扎根一线脱贫攻坚,边防战士无怨无悔保家卫国,消防队员不惧牺牲赴汤蹈火……无数个身影,千万种表情,汇聚成时代永不懈怠的精神状态和一往无前的奋斗姿态。不管身处何方,无论何种岗位,人们因祖国而热血沸腾,众志成城、万众一心,为祖国而勇往直前。

今年是新中国成立七十周年。站在这样的时间节点上，缅怀漫漫岁月，凝聚缕缕遐想。回溯1949年10月1日，当巍峨的华表披上新中国的第一缕曙光，当宏伟的天安门迎来新一轮的朝阳，当无数先烈鲜血染红的五星红旗在天安门广场冉冉升起，毛泽东主席宣布中华人民共和国中央人民政府成立了，中国人民从此站起来了，这一刻对于一个饱经忧患、尽受欺凌的民族来说，是多么宝贵啊！中国，我的祖国，一个响亮的名字，一个让世界震撼的名字，一个让华夏儿女为之骄傲与自豪的名字。这是一个沸腾上升的祖国，特别是经过改革开放四十年，这是一个如日中天的祖国。"天行健，君子以自强不息"，祖国不畏艰难困苦，不屈服于任何极限施压；"地势坤，君子以厚德载物"，祖国激励着一代又一代的儿女，为实现民族复兴的中国梦而励精图治、奋发图强。

一首《我和我的祖国》歌曲的壮丽旋律响彻神州，那是十四亿华夏儿女的共同心声：

我和我的祖国，

一刻也不能分割，

　　无论我走到哪里，

　　都流出一首赞歌。

　　在祖国恢弘的乐章中，每个人都是灵动的音符。"祖国有我"的感召、"我有祖国"的自豪，归根到底都是我与祖国无法割舍的深厚感情。

　　我爱我的祖国，语言无法表达我对您的情怀，激情无法回报我对您的挚爱，诗歌无法书写我对您的赞美。我唯有选择奋斗，把爱国的情感和兴国的责任溶化在血液里，把爱国的志向和报国的实践落实在行动上，与您的儿女共同携手开启祖国更加美好的明天。

　　衷心祝福我的祖国永远富强。

改革开放之小论

2018.12.18

改革开放,是1978年12月十一届三中全会中国开始实行的对内改革、对外开放的政策。中国的对内改革先从农村开始,1978年11月,安徽省凤阳县小岗村实行"分田到户,自负盈亏"的家庭联产承包责任制(大包干),拉开了中国对内改革的大幕。

作为一个过来人,一个参与者、见证者,我经历过知青每个月工分折换成钱不超过15元的挣工分的日子,经历过每月只能吃二两肉的票证时代,经历过一年只能换一身衣服的紧缺生活。20世纪70年代末改革开放开始时,中国9亿多人口经常连饭都吃不饱,经济处在崩溃的边缘。这种经历与改革开放后今天的生活有着巨大的反差。这也促使我经常在想：在这四十年里究竟是什么驱动了中国发生这样翻天覆地的变化，并释放出这么大的发展动力？

反复思考后，我觉得这要归功于邓小平先生的"两论"。一个是"摸着石头过河"的"摸论"，一个是"不管黑猫白猫，捉到老鼠就是好猫"的"猫论"。不管这"两论"在今天看起来多么简单，但它们在整个改革开放第一个十年却起了决定性的作用，使中国改革冲破了"左"的束缚，破冰而出。国家政策好，加上那一代人的勤奋努力，正是那些上山下乡的知青、回乡青年，恢复高考后的前几届莘莘学子，服役退役军人，"鸡毛换糖"闯荡商海的商人，背井离乡进城务工者，正是他们怀揣"发展才是硬道理"的坚守，在总设计师"两论"的指引下，"为有牺牲多壮志，敢教日月换新天"，以只争朝夕的热情，在一穷二白的年代，不分晴雨昼夜，在荆棘与贫困中拓荒，撑起了温暖的小家，树起了道德典范的丰碑，铸就了风云激荡中的改革传奇，祖国改革开放四十年来的辉煌成果凝聚了他们的青春和奉献。他们最努力、最艰辛、最勤奋，难怪世界舆论都称颂："世界上曾经最勤奋的人老了。"

相似的情境唤醒心境,我不禁感慨万千。光阴荏苒,从80年代初大学毕业在遵义参加工作,到贵阳再到重庆,我从业已过四十年,事物变化如沧海桑田,而心境却能与往昔相通,大抵在于初心未改,梦想依然。前些日子,几位朋友在山城小聚,聊起各自这几十年的变化,莫不由衷感慨。大家都受益于四十年来的改革开放,感谢邓小平恢复高考制度,让我们改变了命运,毕业后在各自的岗位上都能以能力为圆心,以奋斗为半径,圆着自己的梦,不仅扎根直辖市,而且事业有成,家庭幸福。大家之所以都能有如此际遇,别开生面,不是得着了天上掉下的什么馅饼,而是改革开放四十年的大好时机。我们抓住了机遇,脚踏实地地奋斗,才铺就了一路事业发展的基石,迎来人生的高光时刻。大家经历不同,轨迹不同,却共同印证了这样一个结论:我们这一代人永远感恩于邓公,正如灯塔一样,他为后来的航行者照亮了远方。感谢他开创的改革开放事业,感恩祖国改革开放四十年的伟大时代。

从更大的视野看，我们几个人的变化，不过是这个时代嬗变的一个小小缩影。改革开放以来，神州大地仿佛"造梦空间"，大江南北、长城内外遍布无数"梦工厂"。无数自嘲"一无所有"却怀揣梦想的人们，在"造梦空间"里造梦，在"梦工厂"里追梦，以连续奋斗、不懈奋斗共同托举中国梦，也成就了个人梦。当年我们这一代人的憧憬，今天已然化为灿烂的现实。

诚然，没有人随随便便就能成功。有奋斗就会有艰辛，可能被坎坷羁绊，被烦恼折磨。然而，蓦然回首，这一切不过是成长的代价、进步的阶梯。爱国是最高的品质，报国是最大的成功，"国家好，民族好，大家才会好"。国家发展了，时代进步了，每个人获得的机会更多了，大家"共同享有人生出彩的机会，共同享有梦想成真的机会，共同享有同祖国和时代一起成长与进步的机会"。一个时代的气质、品格因为千百万的人以身许国、无私奉献而光芒万丈。这也是为什么很多人在回望自己的人生旅途时，会由衷地说出这句话：改革开放的四十年，使我有机会去实现自己的梦想和价值。

改革开放四十年，我们960多万平方公里的祖国大地生机勃发、春意盎然，我们5000多年的中华文明光彩夺目、魅力永恒。身处这样一个改革开放的时代，是我们的幸运，是我们的责任，更是我们奋斗的必需。

抚今追昔，我认为，80年代的改革甚至往后走很多，都是自下而上的改革，不是一个顶层设计的结果。自下而上的参与，加上上下之间的互动交流、密切配合，迅速地总结地方的经验，迅速地把它变成官方的政策，这样的互动才能推进改革的发展。我们的中国特色"特"在根据中国自己的情况探索出了一条路，更为关键的一点是，改革开放和世界发展的主流是一致的。现在回过头来看，在中国改革过程和发展路径中，这四十年到底做对了什么？我非常认同许多专家学者的总结，概括起来主要有三件事：一是改变了计划经济体制下的激励机制，也就是把激励搞对；二是启动了中国有史以来最大规模的对外开放政策，以开放促改革和发展；三是在整体上走上了市场经济的发展道路。

我们这一代人讲改革开放四十年的事，再讲两天两夜也讲不完，千言万语浓缩成一句话——致敬伟大祖国改革开放四十年，我们所有人都是受益者。

改革开放的总设计师邓小平同志永垂不朽！

使命之小论

2019.7.26

《左传·昭公十六年》曰：

> 会朝之不敬，使命之不听，取陵于大国，罢民而无功，罪及而弗知，侨之耻也。

此处的使命就是命令，派人办事、发号施令、赋予责任，都被视为使命的一种。

万事万物皆有使命，也在践行着自己的使命。人生不同阶段有不同使命。少年修炼心智，强健体魄，走向独立；壮年安身立命，成家立业，勇攀高峰；暮年培育接班，轻装慢行，千里晚霞。不同职业也有不同使命:"公正"诠释法官的使命,"蜡烛"代指教师的奉献,"利剑"形容警察的担当。对于工作单位而言,我们有完成好各项工作的使命;对于国家和民族而言,我们有服务国家和民族发展的使命。青年时,我欣赏:

斗争的生活使你干练,苦闷的煎熬使你醇化;这是时代要造成青年为能担负历史使命的两件法宝。

使命是一种青春的姿态,责任是上帝给予的恩赐。两者同是一个正常人应有的自我要求与规范。

正所谓"天下兴亡,匹夫有责","但有使命,万死不辞"。

使命,是浩瀚如烟的书籍,是风格迥异的画卷,更是壮丽辽阔的史诗。漫漫岁月,胸怀使命,执骨血,不负大丈夫之志。细数历史烟云,古有不食周粟、饿死首阳的伯夷;遥想当年,夫差的铁骑踏进了勾践的国土,勾践心中装着复国的使命,在困境中不断磨练自己的斗志,卧薪尝胆,粝食粗衣,坚信"三千越甲可吞吴",最后用夫差的血洗了前耻;孔子用"三军可夺帅也,匹夫不可夺志也"的使命警示后人;羊鞭不改,旌旗不倒,啮雪吞毡,是苏武用痛楚守住的使命;还有"我自横刀向天笑"的谭嗣同,以及"宁为玉碎不为瓦全"的无数革命先烈为了完成他们的使命,表现出的威武不屈的凛然正气,成为后世的楷模。

一个时代有一个时代的使命担当,一家企业有一家企业的初心坚守。近年来,建行人不忘初心,做守护使命的企业,使命犹如壁立千仞,耸立在建行人心中。信仰笃定,初心如磐。砥砺提升服务国家的能力和水平,磨砺行业风骨,从学习革命先贤"砍头不要紧,只要主义真"的大无畏,到"威武不能挫其气,利禄不能动其心"的大气概,再到"忠诚印寸心,浩然充两间"的大胸襟,这就是为什么建行人能够践行为人民服务的本源,清楚"我是谁、为了谁",清楚"我要干什么,应该怎么干"。不惧跨越山海之远,只为承载万家忧乐,建行人率先启动"三大战略",开启"第二发展曲线",努力探索金融回归初心和本源的新路径,诠释了新时代金融使命的内涵。

——率先推出住房租赁战略,"房子是用来住的,不是用来炒的",努力用新金融的智慧和初心,疏浚楼市"堰塞湖",化解真正的住房需求者"居者不易"的痛点……

——用"普惠金融的手术刀"解决社会的痛点、难点,借助金融科技和大数据为小微客户精准画像、开发风控模型,将普惠金融业务批量推向市场;借助"裕农通"平台把普惠金融服务延伸到农村,打通农村金融服务的"最后一公里"。显而易见,未来的金融必定是得"草根者"得天下。

——发力金融科技战略,通过"公有云""智慧政务"等开放平台向社会赋能,助力政府优化社会治理,提升政府服务智能水平,推出"一部手机办事通"APP,打通群众办事的"最先一公里"和"最后一公里"。

——上万个物理网点开设"劳动者港湾",为一线劳动者提供歇歇脚、喝喝水、上厕所的地方,让老百姓感受到建行服务的温度和广度。

——赋能社会,"跳出金融做金融",与高校广泛合作办学,共建建行大学,开启万名学子下乡活动,为联盟大学在校生提供一个感知金融、了解社会的机会,创造勤工俭学的岗位,把培训送到广大乡村的田间地头。首创广大农村村口银行的示范点,用金融服务带动农村产业发展,为助力脱贫攻坚添翼,为契合乡村振兴战略赋能。

建行人的使命是不仅要服务金字塔塔尖上的荣耀,更要去"滋润"金字塔底层的中小企业和个人。这既是一个国家金融长治久安的根本之道,也体现了建行人根植实体经济,关注民生百姓,行的是金融创新的人间正道,走的是与时代共发展的使命大道。

新时代建行人定将以"天行健,君子以自强不息;地势坤,君子以厚德载物"的精神,立鸿鹄之志。牢记使命,不忘初心。始于足下,志行千里。持之以恒,使命必达。

英雄之小论

2019.8.16

何为英雄？汉灵帝时代的文学家刘劭在《人物志》中说：

> 夫草之精秀者为英，兽之特群者为雄，故人之文武茂异，取名于此。是故聪明秀出谓之英，胆力过人谓之雄。

> 必聪能谋始，明能见机，胆能决之，然后可以为英。张良是也。气力过人，勇能行之，智足断事，乃可以为雄。韩信是也。

毛泽东有诗《冬云》：

雪压冬云白絮飞，
万花纷谢一时稀。
高天滚滚寒流急，
大地微微暖气吹。
独有英雄驱虎豹，
更无豪杰怕熊罴。
梅花欢喜漫天雪，
冻死苍蝇未足奇。

英雄者，壮志凌云，气吞山河，腹纳九州，胸容四海！英雄者，肩扛正义，救黎民于水火，解百姓于倒悬！英雄者，挽狂澜于既倒，扶大厦之将倾！英雄者，刚强坚毅，不因他人之反对而否定自己！英雄者，敢为人之不敢为，敢当人之不敢当。春秋更迭，岁月无尽，沧海桑田。"大江东去，浪淘尽，千古风流人物。"英雄的故事惊天动地，英雄的所为世人敬仰，有多少腥风血雨,有多么可歌可泣……

"烽烟滚滚唱英雄,四面青山侧耳听,侧耳听——",这是电影《英雄儿女》的主题歌。英雄,一个无比崇高的词汇。鲧禹治水,置个人利益于不顾,战胜自然;郑成功击败荷兰殖民者,收复台湾;戚继光剿平广东倭寇,解除东南倭患;林则徐虎门销烟,维护国家主权和民族尊严;邓世昌奋勇作战,誓与军舰共存亡;冯子材抵御外敌,大败法军于镇南关;杨靖宇吃棉絮啃草根,以游击战术屡败日寇;江竹筠战斗于抗敌第一线,宁死不屈……一代又一代的英雄们用肉体的殒灭见证生命的意义,捍卫国家和民族的尊严,无怨无悔地诠释了英雄的内涵。我们是听着、传颂着一个个的英雄故事成长起来的一代。

穿越历史的烟尘,时间走到今天。有人说"物欲横流,英雄难觅",而我说时代需要英雄。英雄,从来就不只是活在历史和记忆里,真正的英雄就在我们身边,就像我们这样的"50后""60后",每天在小区散步锻炼,"年逾花甲未伏枥,犹向事业寄深情"的一群老同志。他们曾是上山下乡的知青、闯过独木桥的莘莘学子、闯荡商海的商人、漂洋过海的留学生、背井离乡的在外务工者,几十年来怀揣"发展才是硬道理"的坚守,默默地为这个世界奉献他们微不足道的力量,让大众得以幸福生活。他们是真正的英雄:和平时期,宿营扎寨、镇守边关、枕戈待旦、挎锐披坚的军人是英雄;夙夜在公、肩担责任、胸怀坦诚、爱岗敬业的公仆是英雄;扶贫攻坚、坚守贫困山村的驻村干部是英雄;默默无闻、无私奉献,在平凡岗位上做出不平凡业绩的教师、医生、环卫工人、公交司机、快递小哥等,也都是英雄。笔者认为,境遇有不同,能力有大小,但爱国无贵贱,奉献无高低。只要不断地超越自我,坚持做好对国家、对民族、对人民、对集体有益的事,每个人都能成为人民群众中的英雄。英雄之谓,非气吞山河之壮举,真正做到为人民服务,皆可称英雄!

沧海横流,方显英雄本色。每个人心中都有自己崇拜的英雄,有的高大威猛,有的聪明机智,还有的有胆有识。我心目中仰慕的英雄是隐埋功名、低调坚守,诠释了英雄本质的建行老前辈、时代英雄——张富清。

张富清今年已达耄耋之年，1948年3月加入西北野战军，8月入党，在壶梯山、东马村、临皋、永丰等战斗中九死一生，立下了赫赫战功，两次获得"战斗英雄"称号。面临退役转业时，他选择了最偏远、最困难的湖北恩施来凤县，后从建设银行来凤支行离休。从作战到转业再到离休，几十年如一日，他用乐观、朴实、真诚的战斗意志和生活态度，诠释了一名老英雄"艰苦奋斗、淡泊名利、胸怀大局"的精神。

"俱往矣，数风流人物，还看今朝。"当今中国，我们面对的是百年未有之大变局，任务繁重，使命艰巨，时代需要治国英雄，更需要各行各业的建设英雄、灭火英雄、教育英雄、金融英雄……时代在我们心中种下英雄的"种子"和崇尚英雄的精神，在实现民族伟大复兴的历程中，不管乱云飞渡、风吹浪打，只要我们艰苦奋斗、乐于奉献，就能成为无愧于时代的英雄！

忠义之小论

2019.9.27

忠义,释义即忠诚、讲义气。关公一生忠义仁勇,智勇双全,诚信冠天下,在《三国》中以桃园结义、温酒斩华雄、千里走单骑、过五关斩六将、夜读春秋、刮骨疗毒、水淹七军等脍炙人口的故事而威震华夏,受到后人的顶礼膜拜。

忠义精神,是中华民族传统文化最核心的精神。事因忠而成,人因义而立,从古至今,忠义精神赢得了中华各族儿女的尊崇和景仰。忠义精神包含着对国家民族的忠诚和信义,是统一多民族国家连绵不绝的根基,是中华文化最核心的瑰宝,是中华民族最基本的传统美德之一。多少忠臣义士为了祖国、为了人民而奋不顾身、牺牲自我;上下五千年,英雄万万千,"黄沙百战穿金甲,不破楼兰终不还",忠义成为每个龙的传人浸入骨血的气质。

忠义精神不仅体现在历史先贤、有识之士的作为中,更通过物为载体表现在人们的生活里。睹物思人,重庆中国三峡博物馆的汉代文物乌杨阙就是我们中华民族忠义精神的最好物证。

我的挚友张健(三峡博物馆专家),擅长文史研究,在日常交流探讨中,他经常向我提起乌杨阙。凡是参观过重庆中国三峡博物馆的人,一进大门就会看到大厅主阶梯两侧矗立着一对高端大气的石雕,这就是汉代文物乌杨阙。它是2013年重庆市政府发动市民海选出来的三峡博物馆"十大镇馆之宝"第一位,也是国家一级文物。

据研究,阙最早出现于西周,而广泛见于汉代,是中国古代一种具有表征意义的楼观建筑,常左右成对地建于古代宫殿、祠庙或陵墓前。汉代石阙,是我国现存的时代最早、保存最完整的古代地表建筑,距今已有近2000年的历史,有石质"汉书"之称。我国目前幸存的汉阙有30余处,很多因耸立地表日晒雨淋而风蚀坍塌，残存者也多支离破碎、图案模糊。而乌杨阙不知何故尚未最后完成就葬身沙泥，在泥沙的包裹下得以完整保存。

重庆中国三峡博物馆呈现给世人的乌杨阙是墓阙，依汉制可以确定墓阙的逝者生前必须担任2000石以上的官职。汉代实施实物工资，2000石是刺史以上级别官员的实物俸禄，地位相当于今天的省部级。发现乌杨阙的地点在忠县乌杨镇将军村附近，民间相传将军村为三国英雄严颜后裔村。查阅史书，在两汉三国时期除了严颜以外，忠县尚无其他2000石以上的高级官员，因此有专家推断乌杨阙为严颜墓阙。而至今为止，我们尚未在附近发现严颜墓，所以这一结论尚无更多史料支持。但作为忠义精神的象征，我们就把它作为严颜墓阙来共同怀念这位重庆本土出生成长的大英雄，来共同传承中华民族的忠义精神吧！

喜欢历史的朋友都知道，中国人把忠义看得很重，历史上的仁人志士也数不胜数，但全中国以忠命名的城市却只有重庆忠县一个，这是为什么呢？据《太平寰宇记》记载：

> 贞观八年改临州为忠州,以地边巴徼,意怀忠信为名。
> 以巴臣蔓子及巴郡守严颜,并著忠烈而名。

贞观八年(634),唐太宗为褒扬历史上巴蔓子刎首留城、严颜宁死不屈而改临州为忠州。

受小说《三国演义》张飞义释严颜的影响,我们对严颜的印象集中在"只有断头将军,没有投降将军"这一无畏无惧的形象刻画上,更集中于严颜被义释后,心悦诚服地领着张飞劝降各地,顺利占领西川并成为刘备帐下爱将的似乎完美的故事结局。

《三国演义》作者罗贯中是以刘备为正统来描写三国争战的,在他的价值观下,严颜领着张飞劝降各地,顺利占领西川是符合正义、弃暗投明的善举,是值得歌颂的。而历史记载的严颜是自杀成义的,苏轼就曾写诗讴歌严颜的行为:

> 先主反刘璋,兵意颇不义。
> 孔明古豪杰,何乃为此事。

> 刘璋固庸主,谁为死不二。
>
> 严子独何贤,谈笑傲碪几。
>
> 国亡君已执,嗟子死谁为。
>
> 何人刻山石,使我空涕泪。
>
> 吁嗟断头将,千古为病悸。

不过在后人来看,无论是弃暗投明还是自杀报主,严颜都是不折不扣的忠义大英雄。

"滚滚长江东逝水,浪花淘尽英雄。"我们已经远离了严颜生活的三国时代,而重庆这座英雄忠义之城却诞生过举不胜举的英雄忠义之人:古有巴蔓子刎首留城,严颜大义凛然,秦良玉保境安民,现代有江竹筠红岩英魂。无数的英雄忠烈布洒信,布洒忠,布洒勇,布洒那份对祖国的赤诚之心,天地可鉴。今人不见古时月,今月曾照古时人,站在乌杨阙前总是让人思绪万千、感慨良多,它演绎了千年不变的精魂,演绎了荡气回肠的凝重……

在新中国成立七十周年之际,缅怀忠义之士,以忠义精神激励吾辈为国为家奋发有为,是当今时代所必需。无论何时,对国家的忠总是以不同的形式在人们心中传承,一个人如果没有对国家和人民的忠肝义胆,个人的精神和价值将无处安放。

忠义永存,英雄无悔。

红岩之小论

2019.10.4

有一个词,和重庆这座城紧紧相连,这就是"红岩"。这既是一个地名,更是一种精神。

从地名角度来看,"红岩"是重庆红岩村13号(中共中央南方局暨八路军驻重庆办事处所在地)、曾家岩50号(周公馆)和虎头岩(《新华日报》总馆)"红色三岩"的总称。其代表性所在是重庆红岩村,它是红岩精神的发祥地。红岩村位于重庆市郊化龙桥附近的"大有农场"内。这里的地形酷似伸向嘉陵江边的山嘴,因此又叫红岩嘴。1939年初,中共中央南方局和八路军驻重庆办事处在重庆成立,原址被日机大轰炸炸毁,是年秋天,南方局、八路军驻重庆办事处全部迁往红岩村办公,这里的门牌号为红岩嘴13号(1945年改为红岩村13号)。从此,红岩村这片红色的土地就成为革命的象征。

从精神的角度来看,红岩精神是在中共中央的领导下,以周恩来为代表的南方局老一辈无产阶级革命家、共产党人和革命志士,在抗日战争及解放战争初期的斗争中形成的革命精神,有着极其丰富的科学内涵:刚柔相济、锲而不舍的政治智慧,出淤泥不染、同流不合污的政治品格,以诚相待、团结多数的宽广胸怀,善处逆境、宁难不苟的英雄气概等。红岩精神是中国共产党优良传统和作风在特定历史环境中的体现,是中华民族精神的展示和升华。红岩精神与"红船精神"、井冈山精神、长征精神、延安精神等,都是中国共产党人和中华民族的宝贵精神财富。

红岩村、渣滓洞、白公馆,这是外地朋友第一次来渝必去打卡的"老三篇",我也记不清有多少次来到红岩村了。走在高低起伏的石板路上,用心感受革命先辈的奋斗历程,深深体会他们的激情心声,我的眼前又浮现出以周恩来为代表的中国共产党人的优秀分子在这里战斗的激情燃烧的岁月。

周恩来同志以信仰之忠诚、奋斗之坚定、品德之纯粹、人格之伟岸、功勋之卓著,如巍巍丰碑屹立在天地间,更屹立在人们心中。这座丰碑的铸造就来源于周恩来同志日常的点滴修养。这一点,在他的《我的修养要则》中得到了充分的展现。

1943年3月18日,周恩来同志在他45岁生日这天,在红岩村写下了著名的《我的修养要则》:

一、加紧学习,抓住中心,宁精勿杂,宁专勿多。

二、努力工作,要有计划,有重点,有条理。

三、习作合一,要注意时间、空间和条件,使之配合适当,要注意检讨和整理,要有发现和创造。

四、要与自己的他人的一切不正确的思想意识作原则上坚决的斗争。

五、适当地发扬自己的长处,具体地纠正自己的短处。

六、永远不与群众隔离,向群众学习,并帮助他们。

过集体生活,注意调研,遵守纪律。

七、健全自己身体,保持合理的规律生活,这是自我修养的物质基础。

周恩来同志七十多年前写的这份《我的修养要则》,如今读起来仍然使人振聋发聩,受益良多。其最大的特点是"严"和"实",将党性修养的要求渗透到学习、工作、社会交往、日常生活之中,体现了一个真正的马克思主义者高度的历史自觉,体现了严于律己、自我革命的精神,闪耀着真理和人格的光芒。更难能可贵的是,周恩来同志一生始终做到坚持真理、修正错误,言行一致、表里如一,成为弘扬党的优良传统和作风的杰出楷模。

"严",就是党性修养要坚持高标准,始终以党章为纲,以党员标准为镜,自觉为了党和人民,坚持好的,改正错的。今天,我们对照"三严三实"要求,应该始终保持清醒头脑,发扬自我革命精神,用党性修养这把剪刀,剪除失志之念、失德之欲、失格之为,永葆共产党人的先进性和纯洁性。

"实",就是党性修养要从细节入手,从小事抓起,落细、落小、落实。要敢于"具体地纠正自己的短处",对自己的缺点和错误,要拿出揭短亮丑、自我批评的勇气,坚持高标准,认真查找自身问题,深入剖析思想根源,具体纠正自己的不足,做到慎独慎微。

"不忘初心,牢记使命"主题教育也告诉我们,党性修养只有"进行时",没有"完成时"。只有像周恩来同志那样始终坚持"活到老,学到老,改造到老",不断开拓党性修养的新境界,才能永葆共产党人的政治品格和革命精神。不忘初心,方得始终,走得再远,走到再辉煌的未来,也不能忘记走过的过去,不能忘记当初为什么出发。为人民谋幸福,为民族谋复兴,这是中国共产党的初心,也是始终不渝、矢志未改的恒心。

革命、建设、改革,历史的车轮滚滚向前,沧桑岁月引人深思回味。穿越七十年的岁月,经历七十年的奋斗,人间正道在历史的天空中愈发耀眼,在世事的变迁中更加笃定。

缅怀红岩精神,我们走在大路上,这条路浸染着无数英烈的鲜血和汗水,浸透着一代代中华儿女的拼搏和奉献,身后是前人寄望的目光;我们走在大路上,牢记"船到中流浪更急,人到半山路更陡",不忘初心,牢记使命,脚踏人间正道,何惧世事沧桑。

春之小论

2019.2.15

"春"字最早见于甲骨文,其本意是草木种子生根发芽,《说文解字》认为"春,推也",有"春阳抚照,万物滋荣"之意,又引申至生机勃勃、充满活力等意。作为四季之首,春季在立春至立夏之间,阴历指正月至三月,阳历指3至5月,含立春、雨水、惊蛰、春分、清明、谷雨六个节气,是万物复苏的季节。

在老家遵义过年,返渝到家,推开一扇门帘:春,已悄隐在萌动的枝头,庭院里的樱桃、桃花、李花……孕育一场盛大的春之宴,等待绚烂绽放的时刻来临。一片祥和中空气日渐温和,一切都是那么自然和舒畅,在小区的径道上,俯下身可聆听绿意挣脱束缚,层层开裂的脆响,好似雨滴润泽植物,细微柔软的吻音……

一年之计在于春,东风收尽余寒,万物复苏萌芽,岁月未曾老,又是一年春风好。走进春的茵茵穿梭之中,那稍纵即逝的激情,又随着春意的暗示萌动起来。春是诗意的浪漫,美丽钟情的季节,暖意融融的情分,让人怎能不开怀?这让我联想到宋代著名诗人苏轼有首描述春天的诗《惠崇春江晚景》:

竹外桃花三两枝,

春江水暖鸭先知。

蒌蒿满地芦芽短,

正是河豚欲上时。

现代著名作家朱自清作有散文名篇《春》:

盼望着,盼望着,东风来了,春天的脚步近了……

作者将人格美的"情"和自然美的"景"交错融合,通过盼春、绘春、赞春三个章节,淋漓尽致地描绘出一幅五彩斑斓的早春图。古今中外的文人墨客毫不吝啬对春的喜爱,不仅因为春天是历经三九严寒后蛰伏复苏的动力,是翻耕播种、丰衣足食的希望,更是人们喜事迎门、春风得意的写照。春天是新鲜、美丽、欢快,且具有强大生命力的,催促着人类踏着生命的律动去创造美好幸福的生活。

"等闲识得东风面,万紫千红总是春。"大家都有春游的习惯,闲暇之余肆意享受着大地回暖、万物复苏的春之气息,无论是家中还是郊外,那春日暖阳、溪间流水、嫩绿新芽、明艳花朵,都是一家老小招朋唤友亲近自然、吐故纳新的理由。一年春景莫错过,最是花开好看时,我曾有幸在春天欣赏过:贵州遵义莲池满坝油菜花齐放,犹如一片金海;贵定音寨万亩李花洁白无瑕,仿佛漫山飞雪;重庆潼南"十里菜花、黄金铺地",清澈的溪流、淳朴的乡村,画面美得醉人;酉阳桃花源里的桃花、樱花争相绽放,竞吐芬芳;花城广州白云山上洁白的梅花,营造出雪国仙境般的景象;各地早、中、晚樱次第登场、相继绽放，密密匝匝的樱花互相拥着抱着，堆云叠雪，那感觉如刘禹锡"百亩庭中半是苔，桃花净尽菜花开"。

春天在哪里？"春天在那小朋友的眼睛里，春天在那朗朗的读书声里，春天在那匆忙的岁月里……"，迷人的春天慷慨地散布着芳香的气息，也带来了生活的欢乐和幸福。春节期间很多友人给我发来节日祝福，暖风吹得花儿朵朵开，看到他们在花团锦簇中赏花踏春，看到枝头叶苞上挂着晶莹剔透的露珠，看到阳光肆意穿透那嫩嫩黄黄的新芽，看到北国冰雪消融、南国绿意新发，我感叹春天是锁不住的。好在和内人一拍即合，立即出游，行走山水之间，这是需要隆重对待的季节，莫怠慢了这大好春光。

艰难困苦，玉汝于成。邓小平南行留下脍炙人口的《春天的故事》，拉开了我们伟大祖国蓬勃发展的序幕。尽管我们这一代被誉为"世界上最勤劳的人"已经老了，但春浓时刻看花开，雨季时节闻雨香，我们依然对春天充满感怀，对未来充满憧憬……

"天行健，君子以自强不息"，春草托巨石而出，生机勃发的春天必须经历严寒的磨砺,蛰伏是为了蓄力,是为了迸发,这才是春的宝贵之处。很多时候,愈进愈难、愈进愈险,才是我们突破瓶颈、冲开绝壁夺隘而出的机遇。人勤春来早,我不指望恩赐和施舍,只相信"一分耕耘,一分收获"。人生一世、草木一春皆是过程,当下自己身体还硬朗,多走走、多看看,享受各地的特色小菜和风土人情,少端酒盏,多端茶杯,累了困了就好好休息,闲暇之余就看本小书,写篇"偶得",做好自己的事,就一定能够收获丰硕的果实。

秋之小论

2018.10.12

秋天,又称秋季,一年四季的第三季,由夏季到冬季的过渡季,北半球为9至11月,南半球为3至5月,共有六个节气,分别为立秋、处暑、白露、秋分、寒露、霜降。在古代,秋天的内涵深刻,有萧瑟、思念、团圆等义。自然景观最明显的变化表现在树木上,城市里开始清扫大量的落叶,山区则涌进不少观赏红叶的游客们,"停车坐爱枫林晚,霜叶红于二月花"。

描写秋天景色的著名诗词可谓俯拾皆是:

碧云天,黄叶地,秋色连波,波上寒烟翠。

树树皆秋色，山山唯落晖。

纷纷坠叶飘香砌。夜寂静，寒声碎。

秋天是一个迷人的季节，秋天是一个成熟的季节，秋天是一个收获的季节，秋天是一个四野金黄的季节，秋天是一个硕果满枝的季节。

秋，实际上是庄稼快成熟的意思。立秋以后，中国南方大部分地区的晚稻拔节孕穗，棉花裂铃吐絮，中稻、夏玉米进入灌浆成熟阶段。立秋后的华南，时令虽仍属盛夏，但"立秋十天遍地黄"，一个金色的秋天就要到来了。

我喜欢秋天，心中不变的是美的秋和秋的美。美在田间地头，美在果园里忙碌的身影，美在红透的枫叶铺满整条乡间的小路。我最喜欢小区各种菊花迎着灿烂的阳光争先恐后地盛开，红的、白的、黄的、紫的……在微风中亭亭玉立，妖娆多姿，五彩缤纷。在自己的庭院里，一片片黄叶落在干净的地上，一片片落叶又随风翩翩起舞，像一个个花仙子在空中和王子跳舞一样。眺望高山上、庄稼地里,金黄色的玉米像金棒槌一样齐刷刷地一片连着一片;高粱那红色的穗子像小姑娘一样红着脸,低下了羞涩的头,在微风中摇曳;大豆、红橙、桂圆摇摇摆摆地在风中沙沙作响;沉甸甸的稻谷被风一吹频频点头,山野田间,像演奏着一首大自然的合唱曲……

秋天是个喜庆的季节,秋天是我国传统佳节汇聚的季节:中秋节往往伴着刚刚褪尽的暑气而至,各地各族都有崇拜月亮、纪念嫦娥的各种风俗;10月1日的国庆节紧随其后,这是新中国成立的纪念日,如今也是举家出游、休闲度假的好时光;农历九月初九日的重阳节,又称"踏秋",时节已近深秋,这天,亲朋好友都要相约一起登高"避灾",插茱萸,赏菊花。2012年12月28日,第十一届全国人大常委会表决通过《老年人权益保障法》,法律明确规定每年农历九月初九日(重阳节)为敬老节,感恩敬老的中华美德得到了进一步弘扬。

夏天挥一挥衣袖,轻飘飘地走了,秋天高兴地上了岗,上帝画画时滴落的红色,是上帝赐给秋天的。红色代表热情,秋天是热情的。那火红的一片枫海,如同一个个火把,暖着人们的心。人们都爱秋天,爱它的秋高气爽,爱它的云淡日丽,爱它的香飘四野,感谢上苍,赐给人间如此美妙的秋天,我爱秋天!

乡村之小论

2019.8.2

提起乡村,我们的记忆中总会映现出炊烟农舍、牲畜棚圈、山塘水渠、稻田麦浪、野花绿地,还有艾青《献给乡村的诗》:

> 我想起乡村田野上的道路——
> 用卵石或石板铺的曲折窄小的道路,
> 它们从乡村通到溪流、山冈和树林,
> 通到森林后面和山那面的另一个乡村。

20世纪80年代,邓丽君一曲《小村之恋》,让人流连忘返、魂牵梦萦……

　　弯弯的小河，
　　青青的山冈，
　　依偎着小村庄。
　　蓝蓝的天空，
　　阵阵的花香，
　　怎不叫人为你向往！

又是一年玉米成熟时，客居他乡十五载的我，来到我母亲的乡村——金沙县沙土镇堰上村庄，去寻觅植根于心魂而日渐厚重的乡愁。举目望乡，一缕缕乡愁不由自主地涌上我的心头，如炊烟，似流云，又像流淌不息的乌江之水。古老的村落，那一条青石板的小路，那一排排的木屋，高高低低，远远近近，错落有序，坎上坎下聚居着40多户姓"齐"的人家，远近的人都称之为"齐家寨子"。走近母亲家的老屋，扶手矮墙，堂屋门楣木窗的雕花，还依稀可见。房顶瓦片上长满青苔，泛着时间的旧黄，承载着久远的沧桑。晚霞灿烂，袅袅炊烟从村寨的老屋升腾起，轻盈缥缈，耳边仿佛响起邓丽君那流水似的歌声："又见炊烟升起，暮色照大地……"村里唯一的石桥，低矮静默，连接着山林坡上一层层金黄的玉米地，一直伸向了山腰间。夏日的暖风吹起了泛黄的玉米林，卷起一层层金色的浪花。一阵阵沁人心脾的玉米香灌满了我的鼻腔。村口，清幽碧绿的翠竹连着一条清凉透彻的小溪，溪水清澈见底，携了一缕轻寒浸润着水畔的青石，村妇的木槌将日子在石板上敲打。旁边遮天蔽日的竹林，是儿时母亲带我回村庄玩耍的地方。随意折几根竹条，编成帽子，往头上一戴，便成了小游击队员。幺舅砍根竹子，小心地刮去竹子表面的青皮，最后轻轻地在取孔处留下薄薄的一块竹膜作笛膜，土制的竹笛就完成了。拿在嘴上边走边吹，那声音虽然没有什么曲调和音律，但是感觉别有一番韵味和童趣……

谈到对乡村的赞美，我还是最欣赏南宋诗人翁卷的《乡村四月》：

> 绿遍山原白满川,
> 子规声里雨如烟。
> 乡村四月闲人少,
> 才了蚕桑又插田。

这首诗以清新明快的笔调,出神入化地描写了江南农村初夏时节的绚丽风光。"绿"写树木葱郁,"白"写水光映天;以烟喻雨,描绘出明媚动人的山乡色彩;以催耕的鸟声,绘尽乡村四月繁忙的景象。难怪人们世世代代向往青山绿水、空气新鲜的田园生活。

乡村是一个历史的、动态的概念,它的发展大致经历原始型乡村、古代型乡村、近代型乡村、现代型乡村、未来型乡村五个阶段。目前,中国的乡村正处于由近代型向现代型过渡的阶段。随着工业经济的发展,自然生态环境遭到了破坏,城市越来越拥挤,污染越来越严重,人们开始向往田园牧歌生活,选择到乡村去度假和安家,去享受清新自然的生态环境。

近几年,我到过无数山村小寨去体验感悟,有喜乐,有苦涩,还有许多无奈。古人讲"知行合一",联想到当下的乡村振兴战略,我认为"知"比"行"更重要。乡村是中华民族伟大复兴之根,是中国生态文明的摇篮。只有读懂中国的乡村,才能保护好、建设好美丽的乡村。首先要清楚乡村蕴藏的内涵是什么,以己之见,乡村的核心内涵不外乎:一是绿水青山的自然生态,二是古朴纯粹的乡土文化,三是熟人社会的互助方式,四是生态环保的特色农产品。因此,建设美好的乡村,千万不能以城市的思维搞建设。还自然以和谐美丽,真正践行生态文明,乡村才能富饶美丽。乡村美则中国美,乡村强则中国强。

"绿水青山就是金山银山",坚持人与自然和谐共生。良好的生态环境是最普惠的民生福祉,这是乡村的魅力。基于此,偏远古朴的乡村,恰恰是未来的奢侈品。这个魅力让人们回归自足的田园生活,去体验乡村绿色的生活浪漫:正月挂起红灯,二月刮起大风,三月里闻花香,四月里好耕田,五月里收麦忙……这些画面虽有些老旧,却令人浮想联翩,吸引着城市人群下乡去消费"乡愁"。乡愁不老,情怀永久。

乡村的浓厚氛围如何营造,我想到我的家乡遵义余庆县前几年推行的农村小康建设中,创造性地开展"四在农家"活动,得到社会各界的广泛认同:"富在农家",增加收入;"学在农家",增长智慧;"乐在农家",爽快精神;"美在农家",展露新貌。简言之,"四在农家"中的"富"是基础,"学"是条件,"乐"是动力,"美"是目标。四者互为因果,相得益彰。

我坚信只要久久为功,真抓实干,家乡的各个村庄就会美丽无限、魅力无穷!

底气之小论

2019.6.7

　　底气，是做人的信心；底气，是内在的力量；底气，是生活的勇气；底气，是不忧、不惑、不惧；底气，是理想信念、开拓进取、坚定不移。努力做好自己就是改变人生最大的底气，很多时候约束我们的并不是自身的素质和能力，而是面对困难时俯首称臣的习惯性懦弱。你越害怕困难，就越会受限于困难。你若迎难而上，它终究会迎刃而解。你的每一次努力都在增加面对这世界的底气。做人要有底气，说话要有底气，办事要有底气。别人都能感受到你的自信，这种表现就是一种底气。

　　一缕阳光，即使在寒冷的冬天，也能给人如春天般的温暖，那火红炽热的太阳啊，便是这温暖坚实的"底气"。一棵大树，纵使季节轮回，也依然固守家园，不畏风霜雨雪，依然枝繁叶茂。那土里粗壮的根系，便是大树硕果累累的"底气"。底气是一种明亮而不刺眼的光辉，一种圆润而不腻耳的音响，一种无需对别人察言观色的从容，一种不必故作高深的大气。

底气，来自天，来自地，来自父母，来自兄弟，来自爱人，来自朋友，来自勤奋，来自创造，来自积累……有底气的人，挥袖从容，暖笑无殇。快乐，不是拥有得多，而是计较得少；乐观，不是没烦恼，而是懂得知足。这就是底气的魅力。

透过历史的风尘，"底气"中的自信力量不断留驻在中华文化的画卷上。李白屡屡受挫，仍能说出"长风破浪会有时，直挂云帆济沧海"，坚信自己的满腹文采能为朝廷做出贡献。谭嗣同变法失败，以自己充满底气的热血惊醒愚昧的世人，在人生最后时刻发出人生最响亮的呐喊：

我自横刀向天笑，

去留肝胆两昆仑。

在最危险的时刻,发挥最强大的力量,是一个民族最坚不可摧的精神支柱。一个人的底气,是他自己给予的;一个国家的底气,是它的人民给予的。底气是一种高度的自信,底气是一种强悍的实力。

联想到这次中美贸易摩擦,中国始终坚持平等、互利、诚信的磋商立场,中国的底气和态度是一贯的,中美合则两利,斗则俱伤。但合作是有原则的,磋商是有底线的,在重大原则问题上——国家的主权和尊严必须得到尊重——中国决不让步。中国不会畏惧任何压力,有底气做好准备迎接任何挑战。谈,大门敞开;打,奉陪到底。这是属于一个泱泱大国和人民的底气,"乱云飞渡仍从容",让世人感到一种强悍的实力。

为什么如此从容自信?我们有"定海神针",有中国经济的底气,有四十年改革开放的物质成果,有世界第二大经济体的实力,有中国大市场。全球制造业第一大国,有最完整的现代工业体系,有2000万工程师及专家。人工智能、5G、新能源汽车等新技术、新产品茁壮成长。

沧海横流显砥柱,万山磅礴看主峰。党的十八大以来,宏观调控体系更加有力、有度、有效,调控手段与工具推陈出新,日趋完善,尤其是"工具箱"的政策储备数量足、种类多、效益高,构成了中国经济防范和化解不确定性的坚实屏障。察势者智,驭势者赢,观察与思考中国经济,供给侧改革深入推进,经济质量和效益持续改善,消费对经济增长拉动的作用明显增强,"三大攻坚战"开局良好。无论是打量产业的"家底",还是审视发展的趋势,中国经济长期稳中向好的总体趋势没有改变,唯有"不畏浮云遮望眼",才能把握发展大势、明辨前进方向,这就是我们的中国"底气"。

自信、开放、包容,这是中国展现在世人面前的底气和风采。"舟循川则游速,人顺路则不迷。"稳中向好、长期向好,是中国经济没有改变也不会改变的大趋势。面对艰难险阻,甚至惊涛骇浪,"吾心信其可行,则移山填海之难,终有成功之日"。因为中国有底气,有信心,正以前所未有的奋发姿态,风雨无阻,浩荡前行。

土司之小论

2019.8.30

2015年7月,我的家乡遵义迎来了一项重大的文化盛事——播州海龙屯土司遗址与湖南永顺老司城遗址、湖北唐崖土司城遗址一道,在德国波恩举行的第39届世界遗产大会上被成功列入《世界遗产名录》,实现了贵州省世界文化遗产零的突破。海龙屯土司遗址既是一处大型的军事建筑,也是宫殿建筑,是中国古代土司制度演变的重要反映。

土司是古代中国边疆的官职,又称为"土官""酋",《现代汉语词典》解释为:

元、明、清各朝在边远民族地区授予其首领的世袭官职。

土司除对中央政权负担规定的贡赋和征发外,在其辖区内依然保存传统的统治机构和权力。

海龙屯土司遗址始建于南宋宝祐五年(1257),毁于明万历二十八年(1600)的平播之役。据《明史纪事本末·平杨应龙》记载:

> 播州,夜郎且兰地,汉属牂牁郡。唐贞观初,分牂牁北界,置郎州,领六县,已,改播州。

可见,播州之建制始于唐贞观年间,所领六县为恭水、高山、贡山、柯盈、邪施、释燕。

> 国初,杨铿内附,改播州宣慰司使,隶四川。其域广袤千里,介川、湖、贵竹间,西北堑山为关,东南附江为池。

播州位于四川、湖北、贵州之间,北有大娄山,南有乌江,崇山峻岭,河谷环绕,自古即为一片沃土。

> 乾符三年,南诏寇陷太原,杨端应募决策,驰白锦,出奇兵定之,授武略将军。

876年,南诏入侵贵州,攻陷播州,直逼巴蜀。朝廷限于国力,征募民间力量收复失地。山西太原人杨端异军突起,应征率领八姓乡人挺进播州,经过几番铁血鏖战,击退南诏大军,被授予武略将军,从此播州就为杨姓土司世袭统治。"历宋、元皆授世官,明室因之。"杨端统治播州时,为人治理较为开明,他教当地百姓大兴农耕之事,惠及民众,造就了一个相对和谐的社会区域。自唐至宋,杨氏土司在播州世袭统治长达725年,至杨氏第29代孙杨应龙举兵反明,终于引来朝廷的平播之役。

杨应龙为杨烈之子。据记载,杨烈与其母拥兵攻破其父夺嫡之争,其父客死水西。杨应龙"生而雄猜,尤阻兵嗜杀",

于隆庆六年(1572)袭土司职。"初从征喇嘛,进贡大木,亦尝效忠顺,膺赏赉矣",杨应龙起先效忠明廷,受到赏赐和升职。但他早已窥视四川兵力软弱,逐渐骄蹇,居所"僭饰龙凤","擅用阉寺",俨然独霸一方的土皇帝。后其听信其宠妾田雌凤的谗言,怀疑嫡妻有奸情,将其出之。某日酒醉,杨应龙屠杀了嫡妻张氏一家。妻叔张时照上书告杨应龙谋反,贵州巡抚叶梦熊疏请剿之。"黄牛、白泥诸司久为仇雠,于凡七姓诸豪,咸喜龙之得罪",因杨应龙骄横跋扈,久不为善,作恶多端,朝廷坚持"严提勘结",引起了杨应龙的抗命不从。面对前来围剿的朝廷大军,杨应龙假意配合责问,暗中却设好伏兵,攻打了此次来责问他的朝廷三千军马,令其全军覆没。这时起,杨应龙几乎宣告了与朝廷的对立。

事后,特别是杨应龙的爱子杨可栋在作为人质扣押于重庆綦江时突然非常蹊跷地暴毙,给了杨应龙沉痛的打击。而他想要回自己儿子的尸体时,官府却以他之前还欠两万两白银没交朝廷为由拒不归还。杨应龙回复说:"吾子活,则银至矣。"什么逆来顺受,什么君臣之道都早已锁不住他心中的狂兽,家族自古以来,效力了四个朝代,对他们而言,只有流水的帝王,铁打的播州。这时起,杨应龙是真的反了,举兵六万攻打了綦江,攻下綦江后进行了血腥的屠城,以至于伏尸逾万,流血千里,满城缟素。万历皇帝大惊,实在忍无可忍,于是派李化龙统率15省24万大军兵分八路讨伐播州土司杨应龙。

而此时的杨应龙并不打算束手就擒,他退回到自己在一年前动用了八万民工加固、进行了防御升级的海龙屯,海龙屯居然还出现这样的对联:

养马城中,百万雄兵擎日月;
海龙屯上,半朝天子镇乾坤。

杨应龙与屯内四万守军准备做最后的困兽之斗。

长达数十天的围城战争,李化龙找准了机会用计从海龙屯的后屯找到了突破口攻城。杨应龙看见明军杀入屯中,便知自己气数已尽:

驰视前后,灯火通山,兵罗如织,无处可退,遂拉二妾入室共缢。

海龙屯城堡湮没在战火中……此役历史上称为"海龙屯之战",平播之役结束了播州土司制度的历史,从此开始了以遵义作为地名的"改土归流"。

当我每每顺着屯道登上海龙屯,心底总会泛起一种难以言喻的历史厚重感,海龙屯是平播之役的主战场,见证了杨氏土司的覆灭。南宋末年,朝廷何以会因中央政权的日益衰落而弱化了对播州的统治?元、明朝为控制播州毗邻地区,何以会对杨氏土司肆意笼络?播州的"改土归流",杨氏家族与官兵何以为此付出沉重的生命代价?群山没有作答,残垣没有作答。

苍山如海,残阳如血,伫立在海龙屯的山巅,放眼望去,但见周围重峦叠嶂,群山苍翠。而就在这满目苍翠之下,饱含着殷红的血,而与那些血凝结在一起的,无疑是历史的沉重和后人的遐想……

沙滩之小论

2019.8.9

> 清诗三百年,王气在夜郎。
> 经训一菹畲,破此南天荒。

钱仲联在这首《论近代诗四十家》中推崇的清代诗国第一人,就是晚清大儒郑珍,他与莫友芝并称为"西南巨儒"。这两位巨儒是遵义"沙滩文化"的代表人物,我以有这样的前辈乡贤感到无比自豪。

家乡遵义新舟禹门洛江中,有一片三面环水的沙滩,方圆不到十里。这里江水清澈,田园滴翠,绿竹环绕,古林傲立禹门山;这里道路平坦,草木葱茏,虫鸣鸟啼,山灵水秀,别有一番世外桃源的味道。正是这一方山水佳处,孕育了以郑珍、莫友芝、黎庶昌为代表的大批文化名人,他们崇尚"渔樵耕读",学术成就影响深远,在中国学术文化史上熠熠生辉。抗战时浙大西迁遵义湄潭,一批学者专门研究沙滩这一文化现象,称为"沙滩文化"。

清代乾隆嘉庆以来,这片沙滩就是文化之乡、书法之乡、外交家的摇篮。走进沙滩,有郑珍、莫友芝墓和郑珍的望山堂,有清末著名爱国外交家、散文家黎庶昌故居和拙尊园,有黎氏家塾振宗堂,有黎恺的近溪山房、黎兆勋的故园、黎兆祺的息影山房、黎庶焘的慕耕草堂,还有文人聚首的藏诗坞,书香气息极其浓郁。

沙滩哺育了一代又一代奇伟之才。远在东汉时期,文字学一代宗师尹珍首开西南文化教育之先河,与儒家舍人、散文家盛览并称遵义历史上的"汉三贤"。从明末至清初,文化一脉相承,出现了数十名举人进士,尤其是乾嘉以来以郑珍、莫友芝、黎庶昌"清三儒"为代表的数十名文人学者均成长生活于此,形成了一个冠冕全黔的文人群体。诗人如云,文士联袂而起,实为黔北文化之渊薮。泽润黔北,名噪中华。

自我懂事,父母就带我到此地接受熏陶。老人们讲,沙滩历来有白天男耕女织、傍晚挑灯夜读的文化习俗。沙滩文化遗产的精髓在于坚持办学,刻苦学习;购求图书,遗惠后人;吸收外来文化,勇于革新开拓。成年后,我已记不清来了多少次,而每次游览沙滩都给予我文化的熏陶和心灵的震撼。郑、莫、黎三个家族互为师友,结为姻娅。自乾隆至清末民初的100多年间,三个家族中涌现了几十位诗文作家和学者,刊行诗文集和学术著作达221种,2000余万字,内容涉及经史、诗文、音韵、地理、训诂、版本、目录、科技、金石、书画等十多个领域,多方面的文化学术成就达到全国一流水平。难怪历代文化前贤都赞誉:"贵州文化在黔北,黔北文化在沙滩。"沙滩这样一个小山村的文化成就和产生的重大影响,在全国至今尚无二例,故沙滩应名符其实地被称为中华文化第一村。

今日走进沙滩文化陈列馆,在很多地方看到的"书山学海"就犹如馆中一角,虽然其建筑和景致都不夺目,但文化的内涵超乎想象地广博。园子里有一本石制的书,上面写着"遵义府志"几个大字。《遵义府志》于清道光二十一年(1841)由郑珍主编,莫友芝襄助三年始成。全书 48 卷,80 余万字,资料丰富,剪裁精当,是国内方志中第一流的精品。晚清时期,大汉学家梁启超先生誉之为"天下第一府志"。渔、樵、耕、读是沙滩文化的根本。园子里有一座刻着三贤图的石浮雕,有丰子恺教授来到沙滩留下的墨宝,还流传着莫友芝的父亲莫与俦与其师纪晓岚交往的故事。沙滩文化陈列室陈列着黎氏家族生前使用过的雕花书柜、桌椅等家具,展示着日本天皇赠给黎庶昌第二个夫人赵曼娟的鲸骨扇和当年修建禹门寺所用的青砖,这些都承载着"沙滩文化"的历史。

  黎庶昌故居又名钦使第,钦使第是由皇帝亲自派遣出国的外交官员的宅第。黎庶昌故居占地面积 2147 平方米,建筑面积 1335 平方米,系典型的黔北民居建筑,为省级文物保护单位。故居内有"渔、樵、耕、读"石刻,有供桌、雕花床、圆桌。青瓦屋廊下的翩翩绿意、木格窗后的笔墨砚台吸引着络绎不绝的游人。这里的一瓦一木、一草一树都让我内心雀跃,但却不得不压制张口欲出的惊叹。我不敢表达,我怕惊扰这份宁静:江畔古刹与老树相依,令人心旷神怡,流连忘返……

我在想,故乡的沙滩啊,后人虽然没有见过你曾经的风华正茂,也没有见过你的颠沛流离,但我由衷地希望并相信,一代代黔北学者,在你的文化底蕴感召下,勤奋耕耘,终会再现你往日的文化光芒……

涨价之小论

2019.3.29

近期,家乡贵州遵义的羊肉粉涨价,每碗由8元上涨到10元的新闻引来围观,并登上热点头条。到湖南授课返渝途中,笔者专程回了趟遵义,顺道就此事探个究竟。位于遵义老城区捞沙巷的王五羊肉粉馆,其门头贴有"原材料上涨原因,本店羊肉粉每碗最低涨到10元";公园路董公寺的戴家羊肉粉,其价目表已更换,小碗羊肉粉10元,加肉15至25元,每斤羊肉140元……遵义名小吃羊肉粉涨价成了当地老百姓街头巷尾的热议话题,这是为什么?

遵义人老幼都爱吃羊肉粉,对它有着深厚的情感,虽然贵州各地均产羊肉粉,但唯有遵义羊肉粉驰名。遵义羊肉粉用鲜羊肉熬汤,浇米粉,放羊肉片,调料而食,已有三百多年的制作历史,早在清代中叶就名扬遐迩……凡来遵义品尝过羊肉粉的人,无不交口称赞其清香口鲜、爽滑无比、滚烫辣香、汤清不浊。在遵义的大街小巷,羊肉粉馆鳞次栉比,食客之多,首屈一指。

联想今年春节期间自己在老家遵义待了一段时间,除了走亲访友、觥筹交错,当然必不可少的是每日清晨去吃的羊肉粉,以满足自己的口福和乡情。春节期间粉馆帮工回家过年,人手缺乏,加价2元让回乡的遵义人能吃到家乡小吃,也还情有可原……可是价格上去了,舌尖上的味道却少了点什么。

涨价事件每个城市都有,但这次遵义的羊肉粉涨价,却遭到普遍质疑,涨得有多不靠谱?答案是:有多不靠谱就有多不靠谱!本来大众餐饮服务业是市场的主体,给自己的产品定价属于市场行为,不需要政府干预。但市场主体自行定价,理由能莫须有?!不能拿莫须有的理由来涨价;更不能以次充好,搞虚假造势(街谈巷议西北、新疆、内蒙古等地运来的冻绵羊,冒充本地山羊,挂羊头卖狗肉,影响了羊肉粉的质量),也不排除部分餐饮店串通涨价。搞市场经济如何尊重市场主体的定价自主权,如何监督市场主体的行为,维护市场秩序,始终是一个硬币的两面,缺一不可。很显然,部分羊肉粉馆自行涨价不对,但政府定价管理部门如何引导乃至担当也成了问题……

近期上网看到中国政法大学的打印店"涨价声明"火了。涨价3分钱,老板写满整整三大页的A4纸,严谨地论证涨价的合理性和必要性。声明里细细分析了原材料的价格上涨、人工费提高、无利润经营等因素,以做学问的精神,用成本分析、比较论证、大数据支撑来公示论证涨价的原因,涨价了,但涨的是明白价,让人舒坦。以管窥豹,遵义羊肉粉涨价,说涨就涨,缺乏理性,缺少第三方论证并公示,让人普遍质疑,更少了一份真诚——那种蕴藏在遵义人生活中的美和意趣……在外工作时间长了,对故乡的食物仍是念念不忘,馋性千娇,乡愁也包括味觉上的思念。在遵义期间,为了追寻儿时的记忆,隔三岔五我就叫上小表弟专门陪我到城南、城北、城东有名的"杨三羊肉粉""王五羊肉粉",董公寺的"戴家羊肉粉""老师专羊肉粉"粉馆品鲜。说实在的,每次都是激情而去,扫兴而归,冲着一种寻找往昔记忆的情感,哪怕是一碗羊肉粉加价5至10元,只要能找到当年的感觉也在所不惜。但尝到的味道却大不如前,在一碗羊肉粉面前自己总有所思,食前观察,吃中思量,品后体味,老祖宗留下来的名优羊肉粉,离人的预期渐行渐远,吃过不爽……

难怪老百姓议论,房价涨、气价涨,我们管不着,也管不了,但我们每天要吃的早餐涨价,真不知道该找谁说理呀!如果部分早餐店擅自涨价,仅仅是在羊肉粉馆的餐饮范围内泛起波澜,我们尚能聊以自慰,只是愿吃与不愿吃的一场嬉戏,较不得真。可怕的是诱发其他服务链上下游的涨价,让遵义这座三四线城市的早餐价格普遍高于邻近的重庆直辖市的消费水平(姑且不谈重庆最低社会保障、实体经济夯实、经济总量),那就不尽合理了!说真的,我就工作生活在重庆,自己每日在街边路摊店吃早餐,小面2两价格6元,加个鸡蛋2元,共8元,这就是重庆市民的大众早餐。羊肉粉涨价2元,事虽小,但折射的问题应引起当地政府、行业主管部门的高度重视。民以食为天,与市民天天离不开的早餐涨价,对老百姓而言就是天大的事。

历史名城遵义历来有热情好客、地方特色产品物美价廉的美誉,从"汉三贤"舍人、盛览、尹珍,到"清三儒"郑珍、莫友芝、黎庶昌,至今饮誉扶桑。咱们遵义人无论干什么行业,做什么事,都不能辜负历代前贤。遵义是我家,遵义的美誉度靠大家。饮食文化是遵义黔北文化的重要组成部分,吃食是一种幸福,品味是一种情趣,唯美食与爱不可辜负!愿家乡从事羊肉粉行业的父老乡亲且行且珍惜……

年关之小论

2019.1.25

俗话说"好过的日子难过的年",这个"难过的年"就是年关。旧时,财主放债给穷人,多以腊月三十为还债的最后期限,必须本利一并清偿。穷人辛苦劳作一年,并不见得有太多收入,养家糊口尚且为难,更谈不上还债了,因此,欠债的人觉得腊月三十这一天有如遭逢关卡一样,故称"年关"。又有典故说,太古时期,有种猛兽叫"年",形貌狰狞,生性凶残,总会在腊月三十这一天出来祸害人间,伤害百姓和家禽家畜。人们谈"年"色变,算准"年"肆虐的日子,便把这可怕的一夜视为关口来熬,称作"年关"。为了对付"年",到了腊月三十,每家每户都提前做好晚饭,熄火净灶,再把鸡圈牛栏全部拴牢,把宅院的前后门都封住,躲在屋里吃"年夜饭"。吃饭前供祭祖先,祈求祖先的神灵保佑,吃饭后大家围坐在一起,聊天壮胆,逐渐形成了除夕熬年守岁的习惯。

现代人恪守中国传统的习俗,无论天南地北,还是海内海外,每到大年三十前,都满怀期待地想着回家团聚。你看那飞机上、火车上、客车上、轮船上、自驾车上、摩托车上……挤满了赶路奔波的人,他们都是那么喜气洋洋,拎着大包小包忙奔赶……归心似箭,就是一个目的——回家过年!中国人口众多,上亿人在春节前后同一时间段内在全国范围内流动、迁徙,形成了一种大规模的交通运输现象——春运。春运以春节为中心,前后共40天左右,期间大量务工人员回家乡过年,由于运力有限,旅途"一票难求"的现象犹如过关,故为"年关"新解。不管如何折腾,就是为了在年三十赶回家,亲朋相聚,一边吃着满桌香喷喷的饭菜,一边聊着家常、看着春晚,晚上12点烟花准时齐放。年初一一早拜年,走亲串友,就图个热热闹闹;懒懒地赖在家里,就图个自由自在;一醉方休,就图个痛痛快快;扑克、麻将打个不停,就图个高高兴兴。不论男女老幼,吃喝玩乐,逍遥自在,这就是咱老百姓自己的年,全民皆乐的中国年。

记得小时候看电影《白毛女》,喜儿唱"爹爹出外去躲债,整七(那个)天,三十(那个)晚上,还没归还",杨白劳过年被地主逼债,无力偿还,喝卤水自尽,我才明白"年关"是座难过的关,犹如"鬼门关"。稍大后,懂得了自古以来就有"年关难过"的说法,它有一定的封建迷信因素,但也说出了一个事实:每年最冷的时候都是春节前后,是心血管病的高发时节,对于老年朋友来说,适当运动、防止感冒尤为重要。传统习俗中家家户户都挂春联,曾有邻居的春联让我记忆犹新:"年关难过年年过,春节可盼春春盼",横批"总有希望",祈祷、祝福之意满满……

当下,经济下行压力增大,不少民营企业经营举步维艰,日子难过,重庆著名企业力帆集团也遇到了暂时的困难。企业近年来主动去杠杆,压缩投资,处置闲置资产,回笼资金,可谓英雄自剪羽毛、壮士断臂求生,与政府、银行共度时艰。企业之难旁人无切身之感,80岁的老人27年来头一回凌晨三点被叫醒,为一笔到期的债务签字画押,保证了上市八年来金子般的信誉。企业家尹明善推心置腹地跟我讲:"2018年下半年,政府领导待民营企业如自家人,真诚送温暖,助保了企业过'年关',顺利进入2019年,虽然力帆面临的问题还很多,但有这样的好环境、这样勤勉的员工队伍,一定能战胜困难,重新崛起。"2019年1月21日,他在北京出席了政协主席汪洋主持召开的民营企业家座谈会,他如是说:"正如孟子曰'君之视臣如手足,则臣视君如腹心',生逢其时,生逢其地,庙堂江湖一条心,天下大同会有期。"

尹老爷子有首打油诗:

年关难过年年过,
企业蹉跎人蹉跎。
祈愿大同岁末时,
细娃大人都快活。

我再添一首:

凝聚共识守底线,
稳中有忧防风险。
踏平坎坷成大道,
斗罢艰险又出发。

值此新春佳节即将到来之际,祝我认识的所有朋友和服务的企业家们都顺顺利利跨"年关",快快活活过个吉祥平安年。

端午节之小论

2018.6.22

> 粽子香,香厨房;
> 艾叶香,香满堂;
> 桃枝插在大门上,
> 出门一望麦儿黄;
> 这儿端阳,那儿端阳,
> 处处端阳,处处吉祥!

这首耳熟能详的民谣叫《端午》,承载着我儿时对端午节的记忆。

又到一年粽飘香,今年端午节恰巧亲家一家人由江苏来重庆,和我们一道过节。大家欢聚一堂,纷纷自己动起手来包粽子。手捧洁白的糯米粒,用两三张碧绿的粽叶包裹成三角形状,然后用细绳捆得结结实实,放在锅里用小火慢煮两三个小时,香喷喷的粽子就出锅了。粽子的芳香在屋里弥漫,有白米粽、红枣粽、火腿粽、赤豆粽。把白米粽解开,在白糖里蘸一下,咬一口,又香又甜,幸福之情,溢于言表。糯米的浓香,粽叶的清香,交织在一起穿梭于唇齿间,弥漫于整个口腔,黏糯弹牙的口感更是令人陶醉。我不由得联想起屈原,那个吟诵"路漫漫其修远兮,吾将上下而求索"的伟大诗人。屈原投汨罗江后,百姓们怕江河里的鱼虾吃掉他的身体,就纷纷回家拿来米团投入江中,避免了鱼虾糟蹋屈原的尸体,后来就有了端午吃粽子的习俗,而古来就有"粽叶香飘十里,对酒携樽俎",也印证了端午节的悠久历史。

端午节起源于中国,最初是上古先民以龙舟竞渡形式祭祀龙祖的节日。传说战国时期,楚国诗人屈原在端午节抱石跳汨罗江自尽,此后人们亦将端午节作为纪念屈原的节日。端午正值春夏相交之际,祛病防疫也是古人过端午的一项重要内容。端午节蕴含着深邃丰厚的文化内涵,在千百年的传承中,不断融合南北风俗,除了划龙舟、食粽子两大端午礼俗以外,挂艾草、薰苍术、佩香囊也是重要的习俗。

端午习俗在世界上影响广泛,除了华人世界,韩国、日本、新加坡、越南等亚洲国家也有过端午节的习俗。2009年9月,联合国教科文组织正式批准将其列入《人类非物质文化遗产代表作名录》,端午节成为中国首个入选世界非遗的节日。

2008年,端午节被列为国家法定节假日,人们可以借此享受一个悠闲的小长假,陶醉于暮春初夏的山水之乐。端午节的礼俗也随着时代的变迁而变化,如今,端午节的主角——粽子已发展为一种美食,种类繁多,琳琅满目。各地的粽子,一般用箬壳包糯米,但内含的花色则根据各地特产和风俗而定,著名的有桂圆粽、鲜肉粽、水晶粽、莲蓉粽、蜜饯粽、板栗粽、酸菜粽、火腿粽、咸蛋粽等。端午节还有驱除五毒,拴五色丝线,用雄黄酒在小孩额头画"王"字等习俗。旧时,四川石柱有"出端午佬"的习俗,由四人以两根竹竿抬起一张铺有红毯的大方桌,毯上用竹篾编一个骑虎的道士,敲锣打鼓,上街游行。江浙一带还有端午节吃"五黄"的习俗,"五黄"也就是黄瓜、黄鳝、黄鱼、咸鸭蛋黄、雄黄酒。咬一嘴咸鸭蛋,沙沙的蛋黄,油一般地沁入嘴中,满嘴留香。

唐文秀曾作诗《端午》:

> 节分端午自谁言,
> 万古传闻为屈原。
> 堪笑楚江空渺渺,
> 不能洗得直臣冤。

又是一年端午节,让我们划起龙舟,包起粽子,一起纪念伟大的爱国诗人屈原,愿忠直的臣子永远都不受冤屈,愿屈原的爱国主义精神万古流传。

清明节之小论

2019.4.5

清明节又叫踏青节,在仲春与暮春之交,也就是冬至后的第104天,是中国传统节日之一,也是最重要的祭祀节日。清明节大约始于周代,距今已有二千五百多年的历史。1935年中华民国政府明定4月5日为国定假日清明节,也叫做民族扫墓节。2006年5月20日,经国务院批准,清明节被列入第一批国家级非物质文化遗产名录。

相传春秋时期,晋公子重耳为逃避迫害而流亡国外,流亡途中,又累又饿,随臣介子推从自己的大腿上割下一块肉,煮了一碗肉汤让公子喝,当重耳发现肉是介子推从自己腿上割下的时候,感动得流下了眼泪。十九年后,重耳做了国君,也就是历史上的晋文公。即位后文公重重赏赐当初伴随他流亡的功臣,唯独忘了介子推。很多人为介子推鸣不平,劝他面君讨赏。然而,介子推最鄙视那些争功讨赏的人,他打点好行装,同老母亲悄悄地到绵山隐居去了。晋文公听说后,羞愧莫及,亲自带人去请介子推,然而介子推已离家去了绵山。绵山山高路险,树木茂密,找寻两个人谈何容易。有人献计,从三面火烧绵山,逼出介子推。然而大火烧遍绵山,却没见介子推的身影。火熄后,人们才发现背着老母亲的介子推已坐在一棵老柳树下死了。晋文公见状,放声恸哭。装殓时,从树洞里发现一片衣襟,上写道:

割肉奉君尽丹心,
但愿主公常清明。

为了纪念介子推,晋文公下令将这一天定为寒食节。第二年晋文公率众臣登山祭奠,发现老柳树死而复活,便赐老柳树为"清明柳",并晓谕天下,把寒食节的后一天定为清明节。

又是一年清明时，每逢佳节倍思亲！一家人乘高铁回家乡祭祖扫墓，与在遵义的兄弟姊妹会合，加上添丁的小孙辈，已有一二十人。队伍浩荡，先到城边的园宝山公墓敬拜父母、岳父母大人，再辗转赴郊外。行走在乡间小道上，天下着小雨，路也很滑，但跋山涉水丝毫不影响大家游春拜祖的心情。那景况正好似南宋诗人吴惟信《苏堤清明即事》所咏：

> 梨花风起正清明，
> 游子寻春半出城。
> 日暮笙歌收拾去，
> 万株杨柳属流莺。

来到遵义著名景区桃溪寺的高氏祖坟山上，大家争先恐后地把坟墓周边的杂草清理掉，培植一些新土，摆放好一束束鲜花，在墓前供上酒食、果品，烧纸钱，上香烛，磕头行礼祭拜。一炷炷香燃起，点燃了心中无限的哀思和惆怅，默守着刻着亲人名字的石碑诉说着……兄弟姊妹依次在先辈面前默默祈祷,许下心愿:晚辈子孙绝不辜负先贤,期望祖先保佑家族后人平安、健康、幸福。此时此景,我不禁想起父辈给我们传颂先辈们湖广填川,远到遵义,开疆拓土,卧薪尝胆,创造殷实家业的艰辛历程……天空飘着雨,淅淅沥沥地浸湿了我的眼眶,浸透了我的衣衫。一滴滴雨水穿过我寒颤的躯体,汇集在我的心房,洋洋洒洒,汇成了一条思念的河,回想起太多的记忆……

那是我儿时的清明节,爷爷、父亲带我们一家人去扫墓。天空一片阴沉,雷声隐隐,也下起了小雨。凤凰山上,萧瑟的野草随风摇曳,野地荒冢一片凄凉。低矮的坟墓,长辈们先用纸钱压坟头,黄纸沓沓塞坟后左右的空隙,墓碑前供着祭品、香烛与纸钱,还有那白色的幡。那时,大家还要一道在坟墓前小憩,吃着母亲亲手做的凉面、小食和三姑妈精心准备的清明粑。父亲每次在坟前总要背诵道:

坟前半跪拭斑泥,

清风日照谁人泣?

自古生死哀别离,

酒入愁肠思故人。

特别是父亲总爱说的那一句话:"祭之丰,不如养之薄。"生前对自己家人的孝顺与奉养比什么都重要,这句话我一辈子铭记心头……

祭祖仪式完毕,下山途中阴雨绵绵,晚辈们吟唱着杜牧"清明时节雨纷纷,路上行人欲断魂"的诗句,回望桃溪寺山上,远处春的景色映入我的眼帘:鸟儿唱着春天的奏鸣曲,满山的桃红柳绿,遍地金黄的油菜花,"嫩芽吹叶落",绿油油的嫩芽长了出来,到处是一片春意盎然。清明,虽然是柳绿花红、春光明媚的时节,可是气候也很容易发生变化。细雨纷飞,是那种"天街小雨润如酥"的雨,传达出一种"做冷欺花,将烟困柳",凄迷而又美丽的境界。若遇到感情丰富的人,心头的滋味是相当复杂的;倘若赶上孤身行路,触景伤悲,更容易惹动心思。我联想到为什么诗人要写"断魂"两字,这正是古典诗歌里寓情于景、情景交融的一种绝艺,一种胜境,自然而传神地表达出了诗人微妙复杂的内心世界。好的诗能够"状难写之景,如在目前;含不尽之意,在于言外"……

返城路上,照旧还下着细雨,绵绵的雨揉打着我的心扉,淡淡的雾摇曳着我的思念,泪眼蒙眬,依稀望见黛山上灯火阑珊处,思绪有些迷蒙,心有些颤动,几道叹息,舞烟眠雨过清明……清明,不仅仅是祭奠,更重要的是感恩。我们在感恩逝去的历史和人的同时,更应该感恩那些有益于我们生存和发展的人。

上元节之小论

2018.3.2

农历正月十五是我国的传统节日元宵节,又称上元节。道教有三官,农历正月十五天官赐福,农历七月十五地官赦罪,农历十月十五水官解厄。根据道教三元的说法,正月十五是上元,七月十五是中元,十月十五是下元。上元也就是天官大帝诞辰。上元祭天官,中元祭地官,下元祭水官。各地奉祀三官大帝的寺庙都会举办盛大的庆贺活动。

元宵节的别称为上元节、天官节、春灯节、小正月、元夕等。每年农历的正月十五日,春节刚过,迎来的就是中国传统节日之一的元宵节。正月是农历的元月,古人称夜为

"宵",所以称正月十五日为元宵节。正月十五日是一年中第一个月圆之日,也是一元复始、大地回春的日子,人们对此加以庆祝,也是庆贺新春的延续。很多人也将元宵节称作"中国情人节",虽然不算十分确切,却也点出了元宵节相比其他节日仿佛更多了许多风花雪月的故事。在夜晚辉煌的灯光下,将一对对的人儿映照得恨不能共许白头。远自汉代以来,民间就有元月十五日张灯、赏灯的习俗,所以人们又把这一天称作灯节。

自古以来,元宵节就是一个张灯结彩、热闹非凡的节日,有关元宵节的诗词也是佳作迭出。如辛弃疾的《青玉案·元夕》:

> 东风夜放花千树。更吹落、星如雨。宝马雕车香满路。凤箫声动,玉壶光转,一夜鱼龙舞。
> 蛾儿雪柳黄金缕。笑语盈盈暗香去。众里寻他千百度。蓦然回首,那人却在,灯火阑珊处。

欧阳修的《生查子·元夕》：

去年元夜时，花市灯如昼。月到柳梢头，人约黄昏后。

今年元夜时，月与灯依旧。不见去年人，泪满春衫袖。

唐寅的《元宵》：

有灯无月不娱人，
有月无灯不算春。
春到人间人似玉，
灯烧月下月如银。
满街珠翠游村女，
沸地笙歌赛社神。
不展芳尊开口笑，

如何消得此良辰。

这些伟大的诗词作家都把元宵节的美景写得有声有色。

改革开放四十年来,我的家乡遵义的元宵节过得越来越丰富,除了赏花灯、吃汤圆、猜灯谜、耍龙灯、舞狮子等一系列民俗活动外,主要是放烟花:大街小巷车水马龙,人们从四面八方向市中心三条宽敞的大街上涌进,晚上八点,礼炮齐鸣,"嗖嗖嗖——",烟花绽放在城市夜空,"历史名城、转折之城、会议之都"好不光彩夺目。一个个火点如同离弦之箭飞向天空,绽放出灿烂的笑容,那烟花红的如火,黄的如金,绿的如草,白的如银,紫的如茄,姹紫嫣红,美不胜收。有的烟花起初是黄色,随后却变成紫色,最后像流星似的洒落在天边,如蜜蜂筑巢,四面纷飞,真是火树银花不夜天……人们看得眼花缭乱,目不暇接,赞不绝口。绚丽的烟花、火红的灯笼、林立的楼房、如潮的人流,把遵义的夜晚装点得分外妖娆。在这一元复始、大地回春的夜晚,天上明月高悬,地上彩灯万盏，人们观灯会、猜灯谜、吃元宵，阖家团聚，其乐融融，正所谓"正月十五闹花灯，街衢断煞夜归人"。此情此景，充分体现了元宵节的文化内涵，充分展示了家乡人民心中的喜悦和对美好生活的祝愿。

曾家岩 50 号之小论

2019.9.13

曾家岩50号又称"周公馆",位于重庆市渝中区上清寺中山四路。这是一栋依山岩垒石临江而建,有大小两个天井的三层青砖小楼。如果不是事先知道关于这栋小楼的些许故事,你根本不会想到这栋低矮小楼曾经是风云际会的场所,也不会把它与"神秘"和"传奇"联系起来。

小楼始建于20世纪30年代,1937年为重庆地方人士赵少龙和赵佩珊夫妇购得作为全家栖身之所。1938年秋,为躲避日军空袭,赵少龙举家迁往乡下,这栋房屋被租给赵少龙私人好友、时任国民政府立法委员的陈长蘅。1939年初,秘密组建的中共中央南方局为解决办公用房紧张问题,由邓颖超以周恩来时任国民政府军事委员会政治部副部长的名义从陈长蘅手中租用了主楼的一层、三层及二层东边三间房屋，对内作为南方局军事组、文化组、妇女组、外事组、党派组等机构的秘密办公地点，对外则称作"周公馆"。

中共代表团由武汉迁移重庆后，为便于工作，曾家岩50号就作为中共中央南方局在市内的主要办公地点。小楼地处街巷尽头，右侧为国民党军统局局长戴笠的公馆，左侧是国民党警察局派出所。立身于此，有如深陷狼窝虎穴，环境十分复杂、险恶。想当年，周恩来同志就在这大敌环伺的险恶环境中，从容不迫地开展工作，表现了一代伟人的胆略和气魄。1958年，南方局领导人董必武重回曾家岩50号，感慨万千，赋诗一首，形象地描绘了"周公馆"当年的内外环境，诗曰：

八年抗战此栖身，
"三打维支"笑语新。
戴笠为邻居在右，

总看南北过门人。

"革命凝成智和勇,虎狼窝里总从容",从周恩来入住这栋小楼的那天开始,曾家岩50号实际上就成了中国共产党在陪都重庆的红色战斗堡垒和全国抗日民族统一战线的前哨阵地。国统区的形势复杂而严峻,时刻考验周恩来等南方局老一辈无产阶级革命家的斗争精神、斗争本领。他们守土有责,守土尽责,既有"草摇叶响知鹿过"的斗争技巧,又有"乱云飞渡仍从容"的斗争艺术,更有"黄沙百战穿金甲,不破楼兰终不还"的斗争精神。在那段风雨飘摇的岁月里,南方局在曾家岩高举抗日民族统一战线的旗帜,贯彻党的"抗战、团结、进步"方针,团结教育了广大爱国民主党派和各界爱国人士,发展壮大了抗日民族统一战线,促进了中外各界朋友对中国共产党的了解和支持,为中国共产党赢得了国统区的民心。

烽烟已熄,历史犹存。80多年过去了,曾家岩50号早已重归寂静,但烽火岁月里一个民族的奋勇不屈永远不会被遗忘。1958年它和沙坪坝区红岩村13号的中共中央南方局暨八路军驻重庆办事处一起被列为红岩革命纪念馆的组成部分。如今曾家岩50号早已成为著名爱国主义教育基地，来自全国的游客络绎不绝地前来瞻仰。以周恩来为代表的南方局共产党人在事关革命全局、民族大义、国家前途、人民根本利益等重大问题上所表现出来的坚定意志、民族气节、革命情操和革命原则也早已凝结成为伟大的"红岩精神"。"红岩精神"以"爱国、团结、奋斗、奉献"为内核，本质是崇高的思想境界、坚定的理想信念、巨大的人格力量和浩然的革命正气，包含救亡图存的爱国精神、不畏艰险的奋斗精神、同舟共济的团结精神、勇于牺牲的奉献精神、坚定的共产主义理想信念和执着的追求、高尚的共产主义品德情操、艰苦奋斗的革命乐观主义精神、出淤泥而不染的崇高人格。它同红船精神、井冈山精神、长征精神、延安精神一样，都是中国共产党人和中华民族最宝贵的精神财富。

两江浩荡，不舍昼夜。当今世界正处于百年未有之大变局，我们党领导的伟大斗争、伟大工程、伟大事业、伟大梦想正在如火如荼地进行。站在新时代的新起点,曾家岩50号所在的城市——重庆,这座中西部唯一的直辖市全面继承和发扬了老一辈无产阶级革命家的优良传统,围绕国家重要中心城市、长江上游地区经济中心、国家重要现代制造业基地、西南地区综合交通枢纽和内陆开放高地等国家赋予的定位,充分发挥区位优势、生态优势、产业优势、体制优势,大力推进大数据智能化创新发展,加快数字产业化、产业数字化,加速经济结构转型升级。

每当我来到重庆市政府工作、开会,沿中山四路往东走到尽头,首先映入眼帘的就是周恩来总理风雨兼程、辛勤奔走的全身铜像,铜像背后是赫赫有名的曾家岩50号。敬佩之情油然而生,我思绪万千,深深地认识到一代人有一代人的使命,一代人有一代人的担当。作为一名市政府参事,要"不忘初心,牢记使命",要从"红岩精神"中汲取精神滋养,担负起历史和时代赋予的重任,积极参政议政,建言献策,反映社情民意;以金融工作者的专业和专注,纾解社会痛点,赋能社会进步,更好地服务于重庆立足"两点"定位,实现"两地"

"两高"目标,发挥"三个作用"。

岁月流逝,沧海桑田,许多历史痕迹被冲刷殆尽,许多记忆变黄褪色,然而,曾家岩50号及其孕育的伟大"红岩精神"永垂不朽。

人生篇

人生之小论

2018.8.24

人生就是从出生到死亡,所经历的一辈子的事情。人生里总有亲情、爱情和友情,在漫长的人生旅程当中,我们必将经历波折坎坷、喜怒哀乐、悲欢离合。借一把光阴,雕刻我的人生。人生的困惑是常有的,解决一个,又来一个。有些"惑",是一时半会儿解不了的,这就需要我们去参悟,在人生中去参,在时光中去悟。

钱穆先生著有一本诠释人生的书——《人生十论》,该书汇集了作者讨论人生问题的三次讲演,一为"人生十论",一为"人生三步骤",一为"中国人生哲学"。作者从中国传统文化入手,征诸当今潮流风气,探讨"心""我""自由""命""道"

等终极问题,而不离人生日常态度,启发读者追溯本民族文化传统的根源,思考中国人在现代社会安身立命的根本。

梁漱溟先生所著《人生的三路向——宗教、道德与人生》讲:

> 老固然很痛苦的,病固然很痛苦的,死固然很痛苦的,然他所痛苦的是重在别离了少壮的老,别离了盛好的病,别离了生活的死。所痛在别离即无常也。

书中写的生、老、病、死,是人生永恒的主题。

我最喜欢的人生基调是三个词:朴素、温暖、天真。道不远人,自在人心,最贴近现实的朴素,恰恰能把哲学智慧还原到每个人的生命之中。其实,从孔子、庄子到孩子,都给了我相同的感悟——人生因为返璞所以归真,朴素的东西是最恒久的。

我的人生感悟有二:拿得起、放得下。人生得失很正常,时间总会过去,让时间流走你的烦恼吧。我觉得人生应该遵循的规则有两点：首先，要坚持做一个正直、善良的人，这是基本素质，也是底线，即使做一个普通人，没有改变世界的能力，也要对自己的生命负责，承担起家庭的责任，善待周围的人，并实现个人的价值。这些，都本是人生的应有之义。

其次，从长远着眼，要有方向；从眼前来看，要有目标。世界很大，变化太快，生活日新月异。长远的目标会过时、失效，所以有大方向就好。在实践的过程中，可以循着大方向，不断修正眼前的目标。

我经常在想，上天如果多给我一些时间，我一定好好学习，好好做事，越做越好……

人生就像飞翔的小鸟，我们要追求自由的生活；人生就像跳脱的兔子，我们要追求生命的活力。人生是短暂的，我们要拼尽全力，把短暂的人生活得精彩，让生命的火焰熊熊燃烧。

命运之小论

2018.8.31

命与运是两个不同的概念。命即生命,是先天的定数,指某个特定对象,经主观努力亦难以超越;运即运行,是后天的变数,指时空转化,经正确应对会产生不同结果。命运就是先天本性之不变,随时空运转在内外部因素作用下而变化的运行轨迹。命运,即宿命和运气,是指事物由定数与变数组合进行的一种模式,命与运组合在一起,即是某个特定对象时空转化的过程。运气一到,命运也随之发生改变。

命由天定,运由己生。无命便无运,运能改变命,一个人有命运,一个国家、一个民族同样有命运。命运三分在命,七分在运,总体而言,命运基本取决于自己,人不去征服它,就会被它所主宰。前途命运实难料,只有尽人事,方可知天命。命是与生俱来的,但运却是会改变的,命为人一生之所归,如好命、坏命、富贵命、贫夭命等,运随着时空的转化而有所不同,运是变化的。运是人一生之历程,在某些时段或顺或逆,有起有伏,如鸿运当头、利运不通等。

在古人的思想观念中,人们的富贵贫贱、吉凶祸福,以及生死寿夭、穷通得失,乃至科场中举、货殖营利,无一不取决于冥冥之中非人类自身所能把握的一种力量,即命运是也。传统的机械论认为宇宙初始时已确定,而相应的自然就限定了。比如掷出一个骰子,虽然它还没有落地,但是结果实际上已经由出手那一瞬间的速度、角度、风速、温度、湿度等外部因素所决定了。无论是骰子、星体的运行,还是人类的思想感情,莫不受各种物理规律、化学规律的制约。这一切都源于宇宙形成之初。

谋事在人,成事在天。天者,乃外部环境及其变化,祸之根于邪恶,福之源于德行,因果不爽,此系运之所致。故人宜做长线思维,修身养性,行德积善。凭优秀之品德、良好之习惯、坚强之意志、坚定之信心与勤奋之努力，便能改变命运。人通过努力奋斗，可以改变自己的命运，这是颠扑不破的真理。贝多芬作《命运交响曲》，在交响曲第一乐章的开头，写下一句引人深思的警语——"命运在敲门"，从而被引用为该交响曲具有吸引力的标题。乐曲体现了作者一生与命运搏斗的思想：

> 我要扼住命运的咽喉，它不能使我完全屈服！

这是一首英雄意志战胜宿命论、光明战胜黑暗的壮丽凯歌。

　　乐观会带来好运。但这种运气不是天生的，它是每个人心底里的一种力量，需要自己发掘出来。有了这种力量的帮助，不仅可以克服困难，还会获得意料之外的收获。拥有乐观，就是拥有了获得幸福的资本。悲观会带来厄运。沮丧的人，以消极的态度面对人生，自然会品尝到命运带来的恶果，人生也会变成悲剧。

有时命运也会捉弄人,此非无妄,系情势改变使然。命运带来幸福的同时,也可能带来灾难,反之亦然。故好运当谨慎,厄运需忍耐。时乖运蹇,相时而动;时亨运泰,顺势而为。

梦想之小论

2018.2.2

梦想就是梦中怀想,汉司马相如《长门赋》曰:

> 忽寝寐而梦想兮,魄若君之在旁。

梦想也是对未来的一种期望,脚踏实地去规划实现,梦想就是理想;不切实际地妄想,梦想则会沦为空想。梦想是人生的目标,是人生的信仰。梦想是助人成功的基石,梦想是催人奋进的动力,梦想是勇往直前的源泉。

每个人心中都有个梦,它或大,或小,或是梦幻的,又或是唯美的,它就像一盏灯,指引我们前进的方向。可以说,梦想是我前进的动力。童年时,我的梦想是当一名画家,而后又梦想当一名解放军,再后来梦想当科学家……许许多多的梦是单纯的,是梦幻的,那时的愿望虽然不能作为一个目标,却是一段天真、单纯的回归。梦想就像经典一样,永远不会随着时间的流逝而褪色,梦想就像星夜中划过的一颗流星,承载我无数的希望。梦想的力量是令人难以想象的……

有梦想就要坚持,要为这个梦想的实现付出。改革开放之初恢复高考,十八岁的我因勤奋努力圆了大学梦,当时的梦想就是一心一意为实现四个现代化,为振兴中华而读书。毕业后参加银行工作,一直以来,是梦想的人生激情让我飞翔。追求梦想需要激情,梦想就像航行在惊涛骇浪里的一叶小舟,任凭狂风、骇浪、暴雨的侵袭,只要激情在延伸,梦想就永远不会破碎;只要激情在燃烧,梦想就迟早会实现。我从基层的普通员工干到银行管理岗位,女儿也博士毕业,成家立业,创业有为。

我的梦想就像时间的车轮一样,不停地轮转前行,见证了祖国改革开放四十年的变迁。当下,我已临近退休,自己最大的心愿即梦想就是携内人走遍祖国的大好河山。我梦想到西北塞外大漠,在金黄夕阳下感受"长河落日圆"的壮丽;我梦想到南海之滨、天涯海角,看海边的沙滩,从波涛的澎湃中感受"乱石穿空,惊涛拍岸,卷起千堆雪"的惊心动魄;我梦想到吉林长白山,看白雪皑皑的高山,在艳丽朝阳中领略"红装素裹分外妖娆"……

纵观古今,从来没有坐而论道实现梦想的人,也从来没有夸夸其谈实现梦想的人,心中有了梦就要去追寻,去践行。

目标之小论

2019.9.20

目标是射击、攻击或寻求的对象,是想要达到的境界或目的。一个有奋斗目标的人永远不会感到精神空虚。

目标是一方罗盘,导引你的航向;目标是一支火把,燃烧你的潜能;目标是一盏明灯,照亮你的生命。罗曼·罗兰说"人生最可怕的敌人就是没有明确的目标",是的,目标是胜利的期望。成功对于勤奋者是收获的果实,对于坚持者是奋斗的目标,对于灰心者是永远无法达到的彼岸。一个人失去了目标便失去了方向,有了目标就插上了隐形的翅膀,经不懈的努力和不断的挫折,就能成就目标的实现。

毫无疑问,对于一个国家和民族,乃至一个人来说,梦想和目标太重要了。作为国家来说,团结奋斗、同心筑梦,实现民族的伟大复兴,是中华民族的梦,也是每个中国人的梦。目标,是每个人追求的梦想,人人心中都有目标,有了目标就有了前行的动力。目标小而言之就是任务,大而言之就是梦想,一个人倘若没有目标,那他必然碌碌无为。古人云:

有志者,事竟成,破釜沉舟,百二秦关终属楚;
苦心人,天不负,卧薪尝胆,三千越甲可吞吴。

一个人成功的关键是"有目标""有志向",践行"苦心",目标才能达到。

康德说:

没有目标而生活,恰如没有罗盘而航行。

高尔基说:

一个人努力的目标越高,他的才力就发展得越快,对于社会就更有效果。

我喜欢这样一句话:

梦想是一个目标,是让自己活下来的原动力,是让自己有追求,让自己开心幸福的原因。

我一直以它激励自己前行,认准一件事情,就投入兴趣与激情,坚持去做,艰苦历练,肯下笨劲。"心在一艺,其艺必工,一心在职,其职必举",心无旁骛,厚积薄发。

我平时最喜欢看 NBA 比赛。每位 NBA 球员都有颗总冠军的心,总冠军是大家的目标,他们渴望成功,渴望总冠军。这就是为什么 NBA 比赛现场会出现如此激烈的竞争,人仰马翻,头破血流,每球必争。纵使筋疲力尽,遍体鳞伤,也要捍卫胜利,这是目标的力量。还有一个故事讲,曾经有个人在沙漠中行走,在他最渴的时候,身上仅剩下最后一个苹果,他想起了路途遥远,想起了自己的目标是走出沙漠,便坚持着没有吃。苹果给了他鼓励,使他看到了希望。最后他走出了沙漠,实现了目标。

现实生活中,即使定下目标,但不努力奋斗,最终还是实现不了。假如目标定得太大、太飘,过于天方夜谭,其结果往往适得其反。要想一步登天是不可能的,古人云"不积跬步无以至千里,不积小流无以成江海"。目标虚幻了,荒谬了,只会使自己渐渐地失去信心;目标太小,太简单了,则毫无意义可言。要学会日积月累,定了目标就要"千里之行,始于足下"。生命从来不缺乏动力,只看你是否愿意去追寻。

> 泰山之溜穿石,单极之绠断干。水非石之钻,索非木之锯,渐靡使之然也。

古人所言"滴水穿石""绳锯木断",今天依然有着现实意义。聚焦目标,持之以恒,既是一种能力,也是一种品格。我们今天的各项工作繁重复杂,需要一锤接一锤地敲,一个难关接一个难关地迈。成就任何事业,攻克艰难险阻,离不开目标,更离不开滴水穿石的坚韧和勇毅。

"锲而不舍,金石可镂",滴水穿石体现出朴素的哲理,象征着精神力量:凡有成就者,从目标、过程、结果来看,水滴虽小,却具有一种矢志不渝的目标感;水滴虽弱,却蕴藏百折不挠的"过程哲学"。保持奋斗之姿,以坚韧、实干和奉献向着目标迈进,才能让伟大的梦想变成灿烂的现实。

树立了目标,就应该咬定目标、锲而不舍,一点一滴地干,一寸一寸地攻,一尺一尺地奋进,正所谓"行之苟有恒,久久自芬芳"。如果好高骛远,急功近利,无论是日常工作,还是深化改革、发展经济、治理环境,都难以取得好的结果。所以说,按照目标的引领,把事情一件一件地办好,将难题一项一项地破解,才能真正实现既定的目标。

为了实现伟大复兴的中国梦,一代又一代人长途跋涉。除了要有饮水思源、永葆初心的赤子情怀,还应着眼于长远,前仆后继,彰显滴水穿石的力量。一滴水,既小且弱,在顽石面前,它未必能看到自身的价值和成果,但日积月累,终能穿石,干任何事都是如此。目标之前,必须有人做默默无闻甚至牺牲的铺垫。砥砺"功成不必在我"的精神境界,坚定"功成必定有我"的历史担当,方能"不畏浮云遮望眼",最终"积跬步以至千里"。

我们要怀揣初心,坚守着实现伟大复兴的中国梦,把责任扛在肩上,把困难踩在脚下,蓄积滴水穿石的韧劲,一滴不可弃滞,不畏险阻,依靠奋斗,携手开启祖国更加美好的明天。

回忆之小论

2018.10.19

回忆是对过去所经历的人、事、物、景、境等进行回想、反省,在头脑中重新呈现出来的过程。说过的话,走过的路,遇过的事,看到的,听到的,都是回忆的对象。回忆是缅怀,回忆是留恋,回忆是回味,回忆是总结。回忆过去,能使人更向往未来,有回忆才有完美的人生。

回忆有时是有意的,是为某种目的而回想,有时是无意的,因某种诱因而引起,不论有意无意,回忆都是人生的组成部分。经常去回忆,往往不一定是为了具体的事物,更多的是因过去难忘的激情或悲伤而魂牵梦萦。所经历的有的能回忆得起,那就不断去品味;有的回忆不出,那过去了就让它过去,不必遗憾。

回忆是恢复过去经验的过程。我联想到 28 年前,李白桃红、杏雨梨云的初春时节,倪老师(大胡子居士,著名书画家、收藏家)邀我一家人在杭州西湖边的灵隐寺旁品尝明前西湖春茶。纤细明丽的芳香,清沉而悠远、浓郁、幽然,甚至连杯壁都为香气弥漫缭绕,令人不忍置杯于茶几,而捧于掌中,反复把玩、细品。想高山流水、云雾深处,如此植物、如此纤叶、如此嫩芽、如此经历,你可以随心所欲,哪怕置身车水马龙的闹市,也可以心静如水,游离于万物之外,浸润于茶香之中,从而"大隐隐于市""深隐隐于茶"。回忆起来,茶的深处不就是心的深处吗?茶的清香不就是诗的神韵吗?……

无意回忆是没有预定目的自然而然地想起某些经验,例如一件往事涌上心头,一句乡音勾起乡情等就是属于无意回忆。无意回忆虽然无预定目的,但却也是由于某些诱因引发的。有意回忆是有回忆任务,自觉追忆以往经验的回忆,其目的是要根据当前需要而回忆起特定的记忆内容。回忆可以是直接的,即直接回忆起所需的内容;也可以是间接的,即通过某些中间环节或线索才回忆起所需内容。间接回忆总和思维活动密切联系在一起,借助于判断、推理才能回忆起所需内容。

追忆是一种特殊的回忆。它同时具有有意回忆和间接回忆的特点,是需要意志努力和克服一定困难的回忆。名著《追忆似水年华》是20世纪法国伟大小说家马塞尔·普鲁斯特的代表作,也是20世纪世界文学史上最伟大的小说之一,它以独特的艺术形式表现出文学创作上的新观念和新技巧。小说以追忆的手段,借助超越时空概念的潜在意识,不时交叉地重现已逝去的岁月,从中抒发对故人、往事的无限怀念和难以排遣的惆怅。

回忆有的是美好的,美好的回忆是种享受,足以让人回味终生;有的则是痛楚的,不堪回首之经历,让人一辈子难忘。1991年2月1日晚,是我一家人难忘的日子,两个持枪歹徒闯入我家,挟持了我和爱人一个晚上,整整十个小时,图谋炸毁银行大楼,抢劫银行资金。为了保卫银行的资金安全,我们夫妇二人不惜生命,与穷凶极恶的歹徒斗智斗勇,爱人机智地向外传递报警信息。黎明前,我和爱人与前来营救的银行干部、职工一道,同歹徒殊死搏斗,进行了二十余分钟的激烈枪战。手雷在院内横飞,那情景如枪战港片一样激烈,最终在武警、公安赶到前,生擒了两名犯罪分子。正义战胜了邪恶,银行员工安全了,银行资金安全了,我和爱人也荣获"共和国金融卫士一等功臣"称号。别人听起来是故事,自己回忆起来却热血涌流心头;别人看似美好的结局背后是当事人不愿回首的艰辛、苦涩,自己唯愿此事不复,唯愿岁月静好……

流年似水,往事如烟,再好的回忆都属于过去,要想将来能有诸多美好回忆,就要尊贤使能,进德修业,正己守道,爱人以德;就得尽正善之事,行光明之路。人间正道是沧桑,多做关爱、帮助他人之事,尽社会公民之责,以使每次回忆都不至于感到羞愧、负疚。

亲情之小论

2018.11.30

亲情是一种源于血缘关系的天然情感,有父母之爱、手足之情、血脉之谊,也有基于双方持久的亲密关系而生发出的一种胜似亲人的情谊。血浓于水的亲情谱写着多彩的人生,延续着家族的血脉,维系着民族的繁衍……

——亲情重在"情"字。无血缘关系也可以有亲情,有血缘关系也不一定有亲情;感情好没有血缘关系也可以情同父母手足,持久真挚的爱情也会慢慢转化为亲情。亲情是人世间最珍贵的一种情感,它没有任何限制,也不附加任何条件。

——亲情无处不在。它是暖心的,即便在严寒中也能令人温暖如春;它是湿润的,即便蒙上岁月的风尘,依然清澈纯净；它是激情的火山口，激发内在的动力催人奋进；它是灵魂的圣火，拨云见日铸就成功的阶梯；它是疗伤的妙药，用轻柔的安抚消去伤痛；它是奔腾的巨轮，载着我们起帆远航……

——亲情是永不褪色的话题，常谈常新。它是一坛陈酿的老酒，甜美醇香；是一首经典的老歌，轻柔温婉。我常唱的"亲爱的祖国，慈祥的母亲，长江黄河欢腾着欢腾着深情，我们对您的深情……"，也饱含着对亲情的咏叹。凡间有真情，人间有真爱，人活着要有亲情，人的成长需要亲情。有了亲情的滋润，人才成为一个完整的人。

——亲情弥足珍贵。谁是我们至亲之人？父母、手足、儿女！什么成就我们翱翔蓝天？是亲情！灿烂的花朵芬芳四溢，沁人心脾；皎洁的明月静谧安宁，柔和诱人。亲情是家中温柔的港湾、永恒的牵挂、幸福的存根。没有什么比亲情更加珍贵。友情需要互助，爱情需要互爱，只有亲情不求回报。在风雨兼程的人生中，亲情是最持久的动力；在寂寞的情感路上，亲情是最真诚的陪伴；在人生选择的路口，亲情是最清晰的路灯和灯塔。不论你喜乐、沮丧、痛苦、彷徨，它永远温情地陪你前行……

照母山下、嘉陵江旁的庭院中,飘落的小雨带不走凝固三十年的记忆,穿越时空的凝重进入不会老去的岁月。女儿,爸妈的小棉袄,既然选择了远方,就一路风雨兼程,要嫁就要嫁给幸福,不论你走到海角天涯,家中始终有个思念你的母亲、惦记你的父亲。植根于血脉的感情,为你付出任何我们都心甘情愿……

亲情的心语,就是成家立业,意味着责任,意味着付出,意味着奉献,意味着悉心经营感情的开始……常回家看看,一家人团团圆圆,嘴馋了尝尝妈妈的饭菜,遇事多与爸爸唠唠,有成就一家人分享。这正是:人生如画,那亲情就是花草树木;人生如歌,那亲情就是和声;人生如诗,那亲情就是格律平仄……亲情就是人生的补笔、背景和风韵,它就在我们身边,只待我们细细品味。

沉淀之小论

2019.7.5

沉淀是一种积累,是一种整合,是一种沧桑,是一种谦和、智慧的安详。

在我看来,所谓沉淀,是指一个人长期谨慎自律,操行自守,不欺暗室。它是一个人对待生活的态度,一种广博的内敛。人能做到慎独、沉淀,心气自然会平静,安定满足。达到这种境界的人,能在绚烂中归于平淡,在世不染,阅历深厚,返璞归真。

人生是一个沉淀的过程,也不是说你静下心来就是沉淀。沉淀是时间的历练和修为,不断地经历一些人和事后,又不断地忘却,留下的就是自己最后拥有的东西,能够清楚因果,知道自己从哪里来要到哪里去,以及明确将要走的方向,并坚定不移,从而坚持到底。沉淀不是懦弱,不是逃避,更不是放弃,它是茫然后的振作,失败后的淡然。

学习是一种沉淀,它为你的未来增添砝码,马克思写《资本论》,破万卷书,一代枭雄曹操也知建功立业不可操之过急。我们没有什么理由拒绝厚积薄发,因为随着时间的推移,人的认知会悄悄地沉淀进骨血,变成哲理,变成睿智。智慧的释放,不像火山爆发那样剧烈,而像月光那样皎洁无声,也像大海那样静水深流。岁月中沉淀的东西,一点一滴都会铺在追梦的荆棘丛中。沉淀越多,离梦越近,到最后沉淀出一条心无旁骛的坦途……

沉淀需要时间一点点地积累。一个人不要因为短时间看不到业绩回报就拒绝付出,要知道你现在的付出就是一种沉淀,它会默默地铺路。坚持付出一定会有回报,要默默地积蓄力量,在漫长的岁月中沉淀下来,形成独有的芬芳,在生活里散发,一点点渗透、一点点穿越自己的人生。时间不会辜负每一个用力奔跑的人,人生不过是关关难过关关过。过关也罢,成功也罢,一定要有一种深沉、凝固于胸的沉淀。花开不为谁红,花香不为谁浓。平静中沉淀自己,在简洁中领悟生活,心静了就能听到花开的声音,经历了就知道生活的静美,醒悟了就明白生命的珍贵。

一个沉淀的人,睿智深厚的底蕴是阅历的凝聚。伴随沉淀的有汗水与努力、真情与苦楚、付出与给予。人要学会沉淀自己,沉淀心情,沉淀经历!让清者上扬,浊者下沉,把那些烦心的事当作每天必落的灰尘,静静地让它们沉淀下来,用宽广的胸怀容纳它们,灵魂兴许会变得更加纯净,心胸会变得更加豁达。学会沉淀,最隐蔽的东西往往最能体现一个人的品质,最微细的东西最能看出一个人的灵魂。一个有沉淀的人,内心光亮干净,一定是一个纯真的人。

常言道,人生不如意事十之八九,所有难以忘却的污浊与痛,所有难以抹去的伤痕与愁,全都静静地沉浸在心灵的最深处。但有沉淀的人,可以通过转变自己的心态,达到改变生活的目的。心理学家马斯洛曾说:

> 心态若改变，态度跟着改变；态度改变，习惯跟着改变；习惯改变，性格跟着改变；性格改变，人生就跟着改变。

一切和谐与平衡，健康与愉悦，成功与幸福，都是随心态的沉淀而产生的。心里的光，不是神偷偷赐下的花粉，而是智慧的修炼，一种本真的保持与沉淀。

懂得沉淀的人，不需要外界的力量，总会去追求自己心灵的宁静，能时刻让自己沉静下来，与自己对话。"在阅读中觉醒，在写作中沉淀"的横匾挂在我的书屋已有八年，目的就是激励自己通过书籍视通四海，思接千古，与智者交流，更深层次地认知自己和丰富自己：欣赏钟情的名著典故脱口而出，诗词歌赋信手拈来，举手投足能向先贤志士学习。试想若不靠时间的沉淀，自己怎有闲庭信步的自信？除了读书，亦用笔墨书写所见所闻、所思所想，用笔描绘山河，用心书写生活，让文字在岁月的土壤里散发芳香。

以梦为马，不负韶华。我憧憬，我甘愿，我坚守，往后的闲暇时光定在笔墨中流逝,让情感在书笺上流淌。即使自己拙笔词穷,也挡不住我对文字与生俱来的向往,即使拥抱不了诗和远方,也不愿选择当下的苟且。一个年近花甲的人,读书、写作绝不是为来日的声名鹊起,只为了今朝甘之如饴。有时候我甚至都不知道,这是不是一种修为乃至沉淀。

尊重之小论

2019.5.24

尊重是连接心灵的桥梁,是人与人交流的基石。尊重他人是一种高尚的美德,是一个人植根内心修养的外在表现。尊重好似一棵幽兰,清香弥漫身边;尊重又似荆棘,如若对它不屑便会被扎伤;尊重犹如空气,无处不在。每个人都知道尊重的重要,关键是如何知行合一,真正地践行起来。生活中处处有尊重,每天遇上熟人问声好是尊重,不小心碰到别人说声对不起是尊重,为建功立业者呐喊与喝彩是尊重,给普通劳动者鼓励和掌声同样是尊重。在工作、学习中,对领导、老师的崇敬是尊重,在建行系统内,更生领导睿智,有激情,有担当,给人以榜样,受人尊重。近年来我能笔耕不辍,坚持写文章就是以他为标杆、向他学习的结果。

尊重是种平视、平等的人生态度。尊重是一种文明的社交方式，是实现和谐共进的人际学问。尊重他人也是一种能力和美德，它需要设身处地地为他人着想，给别人面子，维护他人的尊严，是顺利开展工作建立良好社交关系的前提和必需。你尊重别人，才会赢得别人的尊重。"将相和"是历史的一个佳话，正是蔺相如待人的尊重、对人的恭敬，才使傲慢的廉颇认识到自己的不足，进而负荆请罪，用自己的行动展现了对蔺相如的尊重。人没有高低之分，只有以真诚、尊敬的心对待他人，才能得到他人发自肺腑的尊重。常言道"一日为师，终身为父"，我们能健康成长，是老师对我们的培养和教育：老师，让我们一辈子都尊重……

谈到尊重，最近面对中美贸易摩擦，面对美国对华为的制裁，华为宣布："今天是历史的选择，所有我们曾经打造的备胎，一夜之间全部转正。"华为这一招关键时刻顶大用，举国上下为华为的前瞻性点赞，一家中国公司能让美国总统宣布进入紧急状态，这本身就说明华为是伟大的公司，能够在极限施压时挺直脊梁,奋勇前行,令人感佩,更发人思考。归根到底,这是一种一往无前、势不可挡的追梦精神,"踏平坎坷成大道,斗罢艰险又出发"。企业如此,国家如此,人民如此。在一定意义上,华为是一面镜子,也是一个标杆,是当之无愧最受人尊重的企业。

现实生活中,有的人常常有意无意地做出了不尊重他人的行为。比如,与人交谈居高临下、盛气凌人,不顾他人的面子,只顾自己侃侃而谈,不给对方说话的机会;听别人倾吐心事,心不在焉,东张西望,左顾右盼;对诚恳批评自己的人,耿耿于怀,做出不文明、不符合自身身份的举动;等等。这些都是不尊重他人的表现。拿我大学的"大基班"群来说,大基班就是个大家庭,32个萝卜(同学)优点、缺点各有不同。常言道,人上一百,形形色色,各人有各人的性格、偏好、经历、阅历,不尽相同。喜欢赞美、颂扬生活,心情舒畅,是一种偏好、习惯,我们要尊重;喜欢挑刺,市井上的三言两句也是道理(虽不成系统,更谈不上思想),也是一种偏好、习惯,我们要尊重。其实赞美、感恩生活也罢,鞭挞社会的难点、痛点乃至阴暗面也罢,都是一种表达,殊途同归,自己心情愉悦,在群里打唱说逗都是可以接受的。开玩笑也好,调侃也好,揭短也好,都是为了开心,但尊重之意不可无,切不可影射和伤同学的心,更不能以己之思想强求他人认同,我想这也是做人的基本修养和尊重他人的必然。

当下,我班的同学年长的已有70来岁,年轻的也已近60岁。时间愈见拮据,草木一春,过往了也就淡定从容,好汉不提当年勇,只要每天开心,身体还好(包括与小病陪伴),就是最大的幸福,就是尊重自己的生命。我们现在的主题就是自己的身体健康、内心愉快、家庭幸福安康,这个重于泰山!饱经风霜历练的人生,都是生命温柔的灌溉,祝愿同学们个个都能有开朗豁达的好心情、为他人着想的善良、待人的谦卑、优雅的谈吐,尊重他人,快乐每一天!

舒服之小论

2019.3.8

舒服，本意为身体状况好，后引申为身体或精神上感到轻松愉快，这是一种生命的自然状态及心理上的需求得到满足以后的感觉。善良真诚地对待他人，设身处地为他人着想，如春夜小雨润物细无声一般令他人舒服，这是一种优秀的人品。

一个人的外貌身形、穿着打扮、言谈举止让人感到舒服，那么这个人整体就是让人赏心悦目的。真正的高人，不是趾高气扬、盛气凌人，而是和普通人并无两样，周到得体、平易近人，相处起来让人感到如沐春风般的舒服……

让人舒服不是圆滑世故，更不是迎合讨好，而是一种植根于内心的修养,越有修养的人,越懂得让人舒服。舒服体现在生活的方方面面,春天踏青赏花,夏天纳凉听蛙鸣,秋天劳作庆丰收,冬天赏雪晒暖阳,这些都让人觉得舒服;一夜饱睡,围炉烹茶,知己闲聊,徜徉书海,也都让人觉得舒服……

近日,我认真品读了任正非的《万里长江水奔腾向海洋》这篇文章,他写道:

> 万里长江水千万不要滞留洞庭湖,我讲过都江堰、秦淮河、洞庭水的温柔……我是担心由于内地环境的安宁,而使我们内地研究机构也平静,以为太平洋真太平。没有理想的沸腾,就没有胜利的动力。

任正非还鼓励大家:

> 我们不管身处何处,我们要看着太平洋的海啸,要盯着大西洋的风暴,理解上甘岭的艰难。

成功企业共同面临的问题是可怕的基因变异问题,是狼最终会变成羊的问题,所以企业文化的核心应该是怎样保持狼性不变。这和自己上周《狼性精神之小论》的观点如出一辙、三观一致,品读了,感悟了,吾心舒坦、舒服了……

我们都喜欢听幽默的话,幽默是最高的智慧,幽默带来健康,让人舒服。偶阅大学同窗吴先生传来的世界名人幽默段子,说是在第二次世界大战中,丘吉尔因对保卫英伦有卓越的功绩,在他首相退位时,英国议会拟通过提案,为其塑造一尊铜像置于公园让众人景仰。丘吉尔听后回绝道:"多谢大家的好意,我怕鸟儿喜欢在我的铜像上拉屎,所以还是免了吧。"罗斯福在当选美国总统前,家里被窃,有人写信安慰他,他回信说:

> 谢谢你的来信,我现在心中很平静,因为:第一,窃贼只偷了我的财物,并没有伤害我的生命;第二,窃财只偷了部分东西,并不是全部;最值得庆幸的是,做贼的是他,而不是我。

最近,我同大家一样喜欢收看央视的《诗词大会》节目,青少年们背诵诗词名篇真可谓"腹有诗书气自华",让人舒服。"春花秋月何时了,往事知多少";"小桥流水人家,古道西风瘦马";"惊涛拍岸,卷起千堆雪。江山如画,一时多少豪杰";"无边落木萧萧下,不尽长江滚滚来";"长风破浪会有时,直挂云帆济沧海"。看花开花落,云卷云舒,内心舒坦愉悦,好似等一个春,盼一场花开嫣然,在脉脉含情的风里,读着春的消息,眼前桃花艳艳。春色满园了,看到一朵花,念起一个人,遇到一首好诗词,忆起一段往事,生活最美的景致不在远方,一直在心里。闭对一帘目,静听一枕风,折一片绿荫,养就心中一季春。寻一个春暖花开的日子,出去走走,抛开尘世的烦恼,没有浮华,没有牵绊,只为找寻心灵深处的那份静谧,让人舒服……

当下,年岁已入花甲,一本书、一杯茶,独坐小窗前,看夜色朦胧,曾经任意挥霍光阴,如今已经学会节俭淡然,这种生活让我无限地痴缠与眷恋,自己舒服!时间愈见拮据的羞涩,不再过问外界纷扰的事物,亦无可相争,是否是一种修为？草木一春，过往了也就淡定从容。有道是，尘缘如梦，梦醒无踪，在念与不念间濡染了过眼烟云，有些话还就只能止于唇齿，一些痛、遗憾也不能掩了一世流年。不慕过往辉煌，静静的一个人，一首曲、一缕风、一指清新的墨香，小论、杂谈、随笔，一程静谧的时光，容我山水言欢，只与内人红尘相知、相依、相惜、相伴一生，我舒服……

舒服，是生活中的一个常用词，一个人能够让他人舒服，是因为睿智和实力：胸中有沟壑，腹中有乾坤，更有菩萨心肠。我们只要善于打理生活，善待自己，善待他人，日子自然会越过越舒服。愿大家都能成为让人舒服的人，胸中纵有万千沟壑，心里仍有万般温柔，温暖地对待生活中的每个人，让自己和他人舒服。

喜欢之小论

2018.11.16

喜欢是一种感觉,是欣赏、仰慕、钦佩、倾心,与"爱"相近,虽没有爱的强烈,却比爱持久。

常言道,人生八雅,琴棋书画、诗酒花茶,又有谁不喜欢?"善琴者通达从容,善棋者筹谋睿智,善书者至情至性,善画者至善至美,善诗者韵至心声,善酒者情逢知己,善花者品性怡然,善茶者幽远淡定",喜欢使人获得一份别样的释然……当下,人们喜欢走路散步、打球健身、练武打拳、旅行度假、淘宝购物、欢乐小聚、嗨歌一曲,诸如此类,也是另一番喜欢和偏好……

人人都期许被世界温柔善待,我喜欢一颗心温暖另一颗心的柔情,一片叶子欣赏一朵花的娇媚。俗话云"来人间一趟,要看看太阳",我喜欢阳光,因为朝阳总能驱散黑夜的寒凉。最美的风景总会在前方,喜欢了,选择了,就一路风雨兼程……

喜欢是一种偶遇,一种情怀,茫茫人海,谁为你驻足,谁为你回眸,心中"芳华"纵然不在生活里,却深深地埋藏心底里,那感觉,淡淡相视一笑,已然万千,你来自是欢喜,你走已无忧伤,没有负重感,没有离愁,只道一声珍重……

喜欢是一种活法,在洁静温柔的庭院里、嘉陵江边捡拾奇石,石栈通幽,水影荡微枝,树沙月如钩。品味清茶,读本闲书,写段小论,无拘无束得自由,做自己想做的事来丰盈自己……逢迎差事已然过往,不如闲生观景,赏花捉蝶,识幽兰芳香,睹银杏挂果,看那万里浮云卷南山来得自在,过喜欢的日子,就会有诗意和远方……

隔三岔五,有几个"知己"推杯换盏,论古今,不争不抢,无论对错胜负,没有负累感觉。不忆昨日缠绵,更讳谈当年勇,眼里只有今日的好,简单安静,激情中不自觉地流露出一颗喜悦的心……

  不为任何人，自己就是最大的理由，不苟且，不应付，不模糊，将自己喜欢做的和正在做的事情与时俱进，与世界呼吸吐纳相接，我最喜欢……

朴素之小论

2019.11.29

《庄子·天道》曰：

> 静而圣,动而王,无为也而尊,朴素而天下莫能与之争美。

朴素之美是自然之美,"清水出芙蓉,天然去雕饰"。朴素无华,质而不俚,傲然自足,抱朴含真,故"山不在高,有仙则名。水不在深,有龙则灵"。朴素是极致的美。四季更迭,周而复始,仿佛一张素布于春天涂上新绿,夏天涂上火红,秋天涂上金黄,又在冬天归于洁白。行走在乡村田野之间,虽无大城市的荣华纷繁,却能闻稻花香、听虫鸟鸣。油菜花丛中的姑娘,扎着马尾辫,无浓妆艳抹,却满溢朴素、纯洁之美,如一枝白莲,清清净净立于水中,不染一丝纤尘,素雅而高贵,胜过万千姹紫嫣红。所以古人说:"淡极始知花更艳,花到无艳始称绝。"

朴素之风是民族传统。侈易膨胀,朴能镇浮;奢易消志,俭能养德,唯有承朴素之风,方能行勤俭之道。古语有云:"一粥一饭,当思来处不易;半丝半缕,恒念物力维艰。"老子有三宝,一曰慈,二曰俭,三曰不敢为天下先,朴素低调。正因数千年来一直秉承这股淳朴、素雅之风,中华民族才能生生不息。"一骑红尘妃子笑,无人知是荔枝来。"以史为镜,多少朝代因骄奢淫逸、虚荣浮华而覆灭。常言道:"好看不如素打扮,好吃不如茶泡饭。"简简单单的话语,道破了朴素的真谛。"君子敬以直内,义以方外,敬义立而德不孤。""建筑人格长城的基础就是道德。"对个体而言,也就是自我修为的价值彰显。做人朴实大方是人格魅力的呈现。"美德好比宝石,它在朴素的背景衬托下,反而更加美丽。"

艰苦朴素、勤俭节约是我们人类社会的美德。古今中外，无论是发达国家还是发展中国家，都将艰苦朴素作为一种美德，发扬光大。联合国专门把每年的10月31日定为世界勤俭日。当下，坚持艰苦朴素、勤俭持家、俭以养德、节俭治国，杜绝奢靡之风，如何一以贯之？笔者认为，"道不可坐论，德不能空谈"，这有赖于我们大家多做细致入微的实功，不务大而空泛的虚名。从节约一粒粮食、一滴水、一度电、一张纸做起，实打实地节约资源，从每一个小我点亮一盏明德惟馨灯，簇起一团淳朴向善之火。唯有如此，我们才能过上更美好的生活。

朴素之人怀朴素之心，忘得失成败，故受人尊重尊敬，令人见贤思齐。朴素需要简约，摒弃繁琐；需要内敛，不事张扬；需要真实，戒除虚伪；需随遇而安，顺其自然；需表里如一，名符其实。我愿意做像杨绛先生、叶嘉莹先生这样善良、朴素、博学的人，难道这种不计名利不是一种朴素之美吗？

于我而言，如今耳顺花甲，早上晨练，一碗小面，回到家中再沏上一杯清茶，独坐简洁朴素的中式圆椅上。就拿圆椅的线条来说,全世界的线条都是简单的,但圆椅的线条在简单之外,自带一种丰饶的韵味。它同用尺子画出来的利落精准的西式线条不可同日而语。中式圆椅上的线条是一种书法的线条:翘头椅的翘头就像楷书里的一横,而梳背椅的梳背就像隶书里的一竖,简洁得让人坐在上面发呆一阵子都舒服极了。自己越发地喜欢这种简单的欢愉,福莫大于无忧……从院落旁的银杏联想到朴素,它从来不用谁打扮,春披翠衣,秋着黄衫;初冬的蜡梅从来不用谁提醒,夏生枝叶,冬来吐芳。仰望天空,高远的蓝、云朵的白也写满了朴素。待到夕阳入夜,清水绕石,曲曲潺潺。"明月松间照,清泉石上流",简单平实的生活让人心静,就会发现人生如同大自然一样永远是朴素的。一个人的青春、一个人的华彩、一个人的困苦好似过眼云烟,转瞬即逝,但也无需感叹,"夫淳朴素质,无为虚静者,实万物之根本也"。

我曾在《人生之小论》中谈到最喜欢的人生基调是三个词:朴素、温暖、天真。人生因为返璞所以归真,朴素才是真正的美,朴素的东西是最恒久的。我最欣赏列夫·托尔斯泰的一句话：

哪里没有朴素、善良和真理，哪里也就谈不上有伟大。

历尽尘世浮华，更重平凡生活；尝遍天下美食，更喜粗茶淡饭。"心安茅屋稳，性定菜根香。世事静方见，人情淡始长。"

魅力之小论

2019.1.11

魅力,形容一个人的性格、气质、能力、道德品质等人格、个性或容貌之美有着很强的诱惑力与吸引力。它虽不能量化,却无所不在,微笑、声音、眼神、体魄甚至是发怒、忧伤等负面情绪也会成为魅力的源泉,能吸引人做出更多的感情、时间、物质上的投资,有种使人开颜、消怒、愉悦和着迷的神秘品质。

美国诗人普拉斯说:

> 它不像水龙头那样随开随关,突然迸发。它像根丝巧妙地编织在性格里,它闪闪发光,光明灿烂,经久

不灭。

魏巍在《前进吧,祖国!》中感慨:

祖国呵,你能告诉我吗,你的未来的道路究竟有多宽、多远、多美呵!你是以多大的魅力在吸引人们!

诸葛亮羽扇纶巾,空城计举世无双,世代传颂,这是智慧的魅力;邓小平拉开了改革开放的序幕,这是领袖的魅力;居里夫人两次获得诺贝尔奖,牛顿发现万有引力定律,爱因斯坦创立相对论,这是大科学家的魅力;蒙娜丽莎永恒的微笑令世人为之迷醉,这是绘画艺术的魅力;歌德的诗、托尔斯泰的小说令人如痴如醉,潸然泪下,这是文学作品的魅力。"腹有诗书气自华",魅力虽与人的相貌相关,但拥有知识才是最大的魅力。

真正有魅力的人,一定有达观的处世姿态、成熟稳定的心态,内心不把自己看得太重,体现的是一种风度,一种高尚的境界。"路经窄处留一步与人行,滋味浓时减三分让人尝",能为他人着想,平静谦和,这些细节之温,充满了人与人之间的温情,彰显了人性的魅力。现实生活中,朋友、上下级、同事之间,每个人都会遇到难处和问题,甚至是难言之隐,他都能细微地关心和安抚,耐心地倾听,只需心知而不语破。此时,明知不问,知而不言,不直接将问题点破,隐晦地说出自己的意见,给人以引导和启迪,让对方发现自身的缺点和不足,不仅维护了对方的颜面,还让其感受到自己的真诚,领会到善良的良苦用心,让人感到钦佩和舒服,这就是最好的人格魅力。

孔子的弟子子夏评价老师"望之俨然,即之也温"即是如此,让人舒服的人一定是一个知理豁达的人,一个植根内心修养的人,他的魅力来自阅历的丰富、内敛和温情,来自处处为他人着想的善良,是一种由内而外散发出的气质。

大家可感受下身边的亲朋好友有没有这样的人:他其貌不扬,才不出众,并非位高权重,财富也寡,却在无形中有一股别样的魅力,让你想与之接近,卸下心理防线,倾诉心中所有。他让你感到平和、舒坦,和这样的人在一起让你感到安全、稳重和释怀,就像品一茗韵味悠长的香茶,啜一壶久久醇厚的酒,听一曲流畅舒缓的音乐,赏一朵静静开放的花蕾……

  当下,在我看来,最有魅力的人,除了每天清晨背着书包走在上学路上的孩子们,还有像我们这样每天在小区散步锻炼,年逾花甲未伏枥,犹向事业寄深情的一群"50后""60后"老同志。他们战斗在各条战线上,几十年来怀揣"发展才是硬道理"的坚守,以只争朝夕的热情,在一穷二白的年代,不分晴雨昼夜,在荆棘与贫困中拓荒,撑起了温暖的小家,树起了道德典范的丰碑,铸就了风云激荡中的改革传奇。祖国改革开放四十年来的辉煌成果凝聚了他们的青春和奉献,他们最努力、最艰辛、最勤奋,请所有人记住他们,晚辈更应该尊重他们,他们才是四十年改革开放历程中最平凡的人,也是最伟大的人,更是最有魅力的人。

品味之小论

2019.7.19

"品味"一直是人们生活中的重要话题,什么品茶、品酒、品菜、品诗、品文,就连品人都有。如朋友小聚,一盅小酒,捧于手心,把酒言欢,只有细细地品才能感受它的甘醇。醉,独品一曲天籁,静享一份纯美,心灵深处潋滟出浪漫,自己品味这方正于天地之间的美好;而有的人端起杯,咕噜咕噜一口气喝下去,酒是什么味都不知道,更谈不上品味。一个人在一间四壁摆满了书,窗前有几棵绿意盎然的植物的屋子里,靠在用竹藤做的沙发上,捧着一本书,沏上一杯茶,茶叶在热水的浸润下慢慢地舒展开来,一阵阵的清香水雾萦绕四周。端起茶杯,细细品尝,茶水苦中带甜、甜中带涩的味道由舌尖慢慢沁入心脾。品的是茶,静的是心,悟的是人生,涤的是灵魂。半盏清茶,观浮沉人生;一颗静心,看清凉世界。品茶而品到生活,品到人生,这就是品味。

徜徉在日光下,让阳光流泻我们全身,用心品味华夏五千年卷帙浩繁、令人感动的词文,你会品味到历史人文的厚重,深沉而又透彻,博大深邃。品味李白,纵然才情绝世,也只能在名山大川中高吟"安能摧眉折腰事权贵,使我不得开心颜";品味苏子,纵然经纶满腹,也只能在赤壁之上感叹"大江东去,浪淘尽,千古风流人物";品味陆游,纵然心系家国,也只能在雨夜里叹息"夜阑卧听风吹雨,铁马冰河入梦来"。生活就是一个需要不断品味的过程,就像要品味错过的过程,它将引导我们迎接下一站,提醒我们光明就在下一个转角处。只有不停地品味,才能体会生活的真谛,在品味中成长、成熟。

生命如画,浓墨泼洒也好,淡笔轻描也罢,甚至依着兴趣涂鸦也无妨,只要用心尽情描绘,哪怕是笔法生硬、稚嫩。联想到自己每当构思一篇小论,一饮浓墨于腹,抱头大睡一觉,次日挥笔就写,绝不犹豫于半字之间,虽算享受了过程,却受于习惯的苦。我有时候也不甚知道,苦变为甘甜的一刹那间,算不算也是一种品味。时光作笺,用爱作墨,反正我喜欢。

做自己喜欢做的事,心里感觉踏实,品味每一次深刻的感动、属于自己的那一份偏好,就是品味幸福。恩与怨、得与失、爱与恨成了藏在内心深处的一道风景,细细品味,都成了一笑而过的淡然。

品味人生,最好的内心修行,并非是脱尘离俗的诗和远方,而是入世于生活,有一份清静和淡然——淡名利、淡世俗、淡荣辱、淡诱惑,谢绝繁华,回归简朴,自然会卸下心中的累,品味出生活的美,以至于你对生活、对工作、对环境、对人生的态度也会改变。你会懂得欣赏生活中点点滴滴的美,会感受生活中丝丝缕缕的乐,你的眼光、你的品味就会变得高雅,变得独特了。一切行为自做主,来来去去无约束,洒洒脱脱为自己活。

当下,对年近花甲的我来说,其实也开始老了,而这老却正是老当益壮的开始。我很欣赏法国文学家托马斯的一段话：

> 你无法延长生命的长度，却可以把握它的宽度；无法预知生命的外延，却可以丰富它的内涵；无法把握生命的量，却可以提升它的质。

真是啊！在余生中我们依然可以长长的路慢慢地走，碧水蓝天下，青山为伴，水流相和，前行的脚步还会洒下生命的一路欢歌。少一些无奈与感慨，多一份从容与淡然，闲看庭前花开花落，静观天上云卷云舒。

丰富生活的内涵，品味生命的宽度，我憧憬……

语言之小论

2019.4.26

语言,是人类最重要的交际工具,是人们沟通思想、交流情感的主要载体。语言的背后是文化的深层编码,语言文字里有哲学智慧,有伦理道德,有风俗习惯,有审美意识。语言是一门艺术,褒贬皆纳,良言、忠言、美言、逸言、流言、诽言、隐言、明言皆有。常言道,语言是思想的外壳,深奥的思想是用凝练的语言来表达的,如高瞻远瞩的人胸有成竹,在表达语言时,收放自如,不忘高雅;满腹经纶的人语出有因,语出有史,引经据典,博古通今,用才华服人;品德高尚的人一诺千金,正应了关老爷那句诗"玉可碎而不可改其白,竹可焚而不可毁其节";心思缜密的人往往会以沉默作最尖锐的语言,不鸣则已,一鸣惊人;温文尔雅的人彬彬有礼,谨言慎行,不标新立异,不哗众取宠。由此看来,如何淋漓尽致、唯美完善地运用语言,是门深奥的哲学,是一种深内涵、高层次的学问。

联想到近日看新闻,山城四月,春风和煦,山水透绿,一派生机勃勃,总书记到重庆一下飞机,就转乘火车、汽车,前往石柱县。山路蜿蜒,坡急沟深,辗转三个多小时,抵达大山深处的中益乡华溪村,了解"两不愁三保障"脱贫攻坚工作是不是真落地。这是总书记最牵挂的一件大事。汇报发言中,石柱县委书记蹇泽西以石柱的黄连、辣椒、蜂蜜三种特产作比喻:石柱就是要吃得了"黄连"苦,解决问题不怕"辣",这样群众生活才能比"蜜"甜。2018年,石柱县建档立卡,贫困群众人均可支配收入达到6903元,较2014年增长了1.96倍。"如今政策就是好,我们要努力往前跑。"这是一名基层书记的语言,彰显了语言的力量,首在言之有理、言之有物,无物,非言也。泽西书记的言语之所以能振奋人心,引起共鸣,关键在于相关的语言都找到了恰当的支点,在事实和逻辑层面无懈可击,有说服力。

语言的力量贵在言之有德。同样的一句话,不同的人讲会产生不同的效果。泽西书记这样说的,他们也是这样做的。他谈到扶贫攻坚三个方面的重点工作:一是精准扶贫到户到人,抓好落实;二是注重统筹到区域,着力解决生产基础薄弱、基础设施建设滞后、公共服务供给不足的问题;三是聚焦深度贫困户。现在石柱还有15个深度贫困村,要发挥基层党组织的"战斗堡垒"作用,啃下"硬骨头",唯有坚定不移、坚忍不拔、坚持不懈,才能无愧于时代,不负于人民。纵观历史长河,誓言"舍身为国"、成就丰功伟业的践行者终能流芳千古,为民族精神注入生动元素。反观那些"两面人"、投机者,纵然信誓旦旦、巧舌如簧,但由于没有人格的光亮,说出来的话自然无法令人信服。

不管什么时候,"表达当守正,修辞立其诚",要真情不要虚假,语言的力量亦在言之有情。《文心雕龙》曰:

> 情者文之经,辞者理之纬;经正而后纬成,理定而后

辞畅。

这是行文的典范，又何尝不是语言的真义？说话真情充沛、逻辑严谨，自然能生发出直抵人心的力量。有了真情的灌注，语言就有了永不枯竭的活力……

语言文字是"体"，人文内涵是"魂"，"魂"要附"体"，"体"中有"魂"，就会感受到它的博大精深。反之，轻视语言的力量，忽视沟通的艺术，往往容易表意不明，甚至造成误解，触发矛盾。现实中类似情况举不胜举。当下，有的干部一讲话发言，群众便皱眉摇头，原因何在？问题就在于这些讲话内容干瘪、细呷无味，恰似王婆娘的裹脚布又臭又长，意义、作用、必要性上下一般粗，不言简意赅，要么是脱离实践的空话、套话，要么是违背情理的废话、假话。比如，发生安全事故，人们最关切的是伤亡情况和救援进展动态，个别地方的新闻发布却大篇幅着墨于"地方领导重视，精心部署"，缺少事件本身的信息。凡此种种，消解的都是群众的信任。

"口能言之，身能行之，国宝也。"语言是行动的影子，行动是语言的土壤。挖掘语言的宝藏,品味语言的艺术。让我们修辞立身、知行合一、言于明道,用好语言为新时代的美好生活赋能添彩。

情绪之小论

2017.12.22

每个人都有情绪,情绪是一种主观体验,是一种自我感受。但现实生活中我们对情绪所知道的又有多少呢?人是一种典型的情感动物,喜怒哀乐是最基本的四种情绪。但这四种情绪,又像是四种极不稳定的火山交替释放。情绪是由大脑产生的,情绪管理的根本是管理自己的大脑,简单点说,就是要自己做大脑的主人,而不要大脑做自己的主人。当人平静的时候,会觉得自己可以控制自己;但当心情烦躁焦虑的时候,情绪和行为往往就不受自己的控制。所谓情商高,就是能控制好自己的情绪,也懂得把别人的感受装在心里,在各种压力之下,仍能克制自我,保持节制和理性,不乱发火,不随意迁怒,无论什么场合都能对他人表示出豁达、谦让和尊重。

以笔者拙见,我们应控制好情绪,争做理性的人。首先,约束控制自己的大脑,不会因为生气就易怒,不会因为兴奋就忘乎所以,时时刻刻张弛有度。学会全身放松,闭上眼睛,长长地深呼吸,暂时放空自己的头脑。当一个人的头脑清醒了,呼吸平稳了,就易于管控好情绪。

其次,多读书、多学习,提高自己的认知、素养和情操。知识增加有助于能力的增加,随之会带来自信心的增长。自信心的增长,会使人心智升华到更好的境界,就会用"更高更远"的思想和观点去看待这个社会乃至整个世界。这样,自律约束已养成,胸襟也开阔,不管风吹浪打,胜似闲庭信步。

再次,多回顾反思,多检讨总结。保持一个好的精神状态,一定要始终精神不倒,可以被打败,但不能被打倒。要经常总结,把总结经验教训当作"吃饭"的手段,每每遇到烦心事,情绪波动的时候,反思自己的情绪波动是否合理,是否可控;检查自己的行为举止,哪里做得不对,应该如何做才是合理的，以此进行回顾总结。这样一来，控制情绪的力量，就会占据你的大脑，使自己变成理性稳健的人。

最后，家人的支持是缓释自己情绪的有益补充。自己有情绪了，甚至遭到他人的非议，时时刻刻要想到背后站着一个理解、信任、支持和给力的"亲友团"。当你顺风顺水、过关斩将时，他们给你鼓掌喝彩；当你爬坡过坎、失败绝望时，他们给你助力加油。家庭是一个人平复情绪的港湾，有了家庭的支持，自己认准的事，不管他人的非议，以平和的心态，甩开膀子心无旁骛地干，才会取得成功。

作为人，我们拥有两个世界。一个是外在世界，从一出生，我们需要认识星星、月亮、太阳，需要认识森林、海洋、高山；一个是内在世界，情绪即是我们内在世界的一部分，我们需要认识高兴、愤怒、恐惧，需要认识悲伤、失落、憎恨。我们需要观察、感受、体验，需要时时刻刻了解自己的情绪，掌握好自己的情绪，唯有与好情绪为伴，才能愉悦每一天。

一个人的生命很脆弱，唯有自我控制好情绪，才是对自己最好的保护。尼采说过：

当你知道自己为何而活的时候,就能忍受世界上任何一种生活。

韩信受胯下之辱时,如果没有控制情绪,就不可能有名垂青史的"汉初三杰"。林肯在与敌决战时,如果没有理智的"退缩",美国的历史可能就会被改写。

生命如斯,一个人无论遇到什么事情、什么情况,最好的保护首先就是控制好自己的情绪。

转弯之小论

2018.2.9

人生是一条有无限多出路的长路,我们永远在不停地做出选择。人生的旅途中,有两种事情总能让人走得更好更远,一个是前进,另一个是转弯。前进需要莫大的勇气,转弯则需要高远的智慧,需要换种方式,换种角度,换条路来走……学会转弯,是人生一种难得的大智慧。有时候,虽然转了弯,多走了几步路,却看到另一片风景、另一片蓝天!人生之所以精彩,就在于我们学会了如何转弯,精彩就在人生转弯处。如若许你一个超常的视野,你是希望一眼把自己的人生看到尽头,还是愿意看到人生之路的曲径通幽、峰回路转呢?答案不言而喻,精彩的人生永远是"柳暗花明又一村"。

　　人们一直都在倡导"执着""坚持",对于选定的目标、看中的事,执着固然没错,但遇事一根筋、爱钻牛角尖、"不撞南墙不回头",实不可取,更不可赞。路不通时,选择绕行;心不快时,选择看淡。顺其自然最美,随遇而安最真,无欲则刚最强,大智若愚最好,宠辱不惊最佳。清代李汝珍的《镜花缘》中有句话"宁可湿衣,不可乱步",这样的"一步三摇"多么可笑,这样的"斯斯文文"多么可怜,这样的"过于拘板"多么可叹!回想一下,你是不是总喜欢从自己的角度去看待问题,总以为自己的道理才是道理,总认为自己看不惯的人就是十恶不赦的大坏人?这无非都是因为我们不懂得换位思考,不懂得转个弯从不同的角度看待别人、看待自己……

　　行至水穷路自横,坐看云起天亦高。我在想,生命的精彩往往就在于人生的拐弯处。只要你心中有五彩的梦,你手中就有五彩的笔,它会把你的世界描绘得风光无限。人生就像一条小巷,你总是埋头一直往前走,也许你的一个不小心,就会撞在拐角的墙壁上,还总是埋怨巷子为什么会有拐角。

与其带着烦恼或者埋头朝前走,还不如泰然地来个转弯。在拐弯处,也许一不小心就碰上幸福。守得安稳初心,等得到转弯处的光明,看另一番美景……那感觉让人新奇且激动。

　　因为有着求变的执念,所以我感觉自己一直行走在路上。八年前的一个夜晚,似若天启,我告诉自己五十岁人生迟暮,该为自己的生命留一道印痕了。闲暇之余也学会了给自己一方空间,让心休憩,读读书,听听歌,畅畅纠结心事,归于平静,让心在一草一木、一花一叶中,忘忧祛烦,得失随缘,爱恨随意。于是,在自律意志驱使下,我每周坚持看一本书,每天坚持记一篇日记,拿起曾经被岁月磨钝的中书君,坚持每周写一篇文章,八年间已出版了三本书。无论如何,只要意坚行笃,岁月边上,时空澈处,春水十里。这也是给自己停不下来的脚步,给心灵一个修禅打坐的时间,只是在提醒自己不是路已走到尽头,而是该转弯了。

　　山不转路转,路不转人转。只要你心念转个弯,就会路随心而转,逆境也能成机遇,从而超越自己,开创新天地。车到山前必有路。当路走不通时,要学会转弯,许多人没能走上成功之路,不少是因为撞了南墙不回头。学会转弯是自己肯定自己,是崭新的开始。人生路漫漫,学会转弯,学会变道,才能在生活中立于不败之地。转弯是前行的一种方式,人生天地间,路路九曲弯,从来没有笔直的路可以走。水能直至大海,就是因为它巧妙地避开所有的障碍,不断拐弯前行。我欣赏这样一句话:

有时弯曲不是屈服和毁灭,而是为了生存和更好地发展。

淡定从容地学会转弯,是人生的一种态度。它不是处世消极、刻意放纵,而是阅尽沧桑的醒悟,了然于胸的坦然。它也不是自我封闭、孤芳自赏,而是不以物喜,不以己悲。正所谓"千磨万击还坚劲,任尔东西南北风"。过不去的事要过去,放不下的事要放下,翻过一页才能书写另一页,才能让人生慢慢地变成一本书。时过境迁再阅读,才有往事繁花似锦,回忆温暖如初……

向前不难,只要学会转弯。

转弯之小论

如果之小论

2019.5.10

"如果",一个多么美好的词。它寄托我的梦想、我的曾经,承载着无数憧憬的快乐。"如果",又是一个多么无奈的词。它让人沉溺于幻想,承载着不能实现的懊悔。

如果时间不飞逝,我们永远青春;如果花儿不凋谢,春天将会永驻;如果没有悲伤,快乐将会永存;如果没有黑夜,光明将照亮整个人间。"如果",你为何总是"犹抱琵琶半遮面",终不肯摘下那层薄薄的面纱。你叫我如何待你是好!

如果能回到童年,心里最牵挂的还是养育我的故乡——遵义老城,穿行在老屋街头巷道,感觉自己每一个毛孔里,都散发着舒服的气息。特别是那风味小吃,刘二妈米皮、肖二娘肉片粉、和尚米皮、杨三羊肉粉……一切的一切,都在我面前组成一幅活生生的图画,令我沉醉、迷忘……

如果能回到年少,我最大的念想还是同我的内人张馨云那一场初恋。金鸡公社的水库边,用心触摸着微雨的柔美,雨落无声,朦胧的身影,人间四月的风,温柔地吹拂在你的脸上。你说:"我把我的祝福托付给日月星辉,让她们时刻照射你的生活。"我说:"既然我选择了你,就决定了这一辈子都和你走在一起。你要华丽转身,腾出时空,接纳生活所有的美好!"魂牵梦萦的体验将因爱的结合而伸延……那真是一花一世界,一叶一追寻,一生为一人。

因"如果",许许多多的事在脑海里徘徊,太过杂乱无绪,每当想起,细细品味,却不知从何道来。于是,只能介乎于半梦半醒之间,定格一瞬间,却又转瞬即逝,带来无限的想象空间和美好记忆。

近期,重庆的天气阴雨绵绵。一个人在寂寞的时间里,倚在阳台,看楼下的行人打着雨伞,走在小区花园里鹅卵石小径上。望着昏昏暗暗的天幕,仿佛连空气也是潮湿的,细雨还夹着冷风,吹在脸上,潮凉的感觉浸润全身,思维渐渐走出混沌,越发清晰了。过往的逸事,它们像是封存了许久的陈年佳酿,岁月越久远,口感越香醇,回味越悠远。体味那些别过了青涩的豆蔻年华,曾经朝夕相处的同学、同事、朋友,有一些也化为陌生的过客,来来往往,熙熙攘攘,相见已不相识。多情自古伤离别,舍弃三千繁华,只为固守那一份过往的美好。我喜欢诗人汪国真的《如果》:

> 如果你一定要走,
> 我又怎能把你挽留。
> 即使把你留住,
> 你的心也在远方浮游。
>
> 如果你注定一去不回头,
> 我为什么还要独自烦忧。
> 即便终日以泪洗面,
> 也洗不尽心头的清愁。

要走，你就潇洒地走，

人生本来有春也有秋。

不回头，

你也无须再反顾。

失去了你

我并非一无所有。

当下，年近花甲的我，如果有时间，我最愿意、最快乐的，就是回家给小孩和内人做饭。做的是陪伴，更是一种情。回家做饭，其实是一种亲情陪伴。家里的饭菜，凝聚着家人无言的关心与慰藉。无怪乎有人说，全家坐在一起，其乐融融地吃顿饭是可以治愈心灵的。我欣赏林语堂眼中的幸福，如果时间可以回流，睡在自家的床上，吃父母煮的饭菜，听爱人给我说情话，跟孩子做游戏，是最快乐的事。

我知道，世界上永远没有如果。"如果"永远不能成为逃避现实的借口，也不能成为懒惰与幻想的理由，更不能是懊悔的载体。心中有了"如果"，就要去践行、追寻！

比喻之小论

2019.6.14

比喻是我们在日常生活中最常用的一种修辞手法,比如"书籍是人类进步的阶梯",这个句子把书籍比喻为阶梯;"眼睛是心灵的窗户",这个句子把眼睛比喻为窗户;"叶子出水很高,像亭亭的舞女的裙",这里把叶子比作舞女的裙。比喻在生活中处处可见,用途广泛,深受人们的喜爱。

  白发三千丈,缘愁似个长。
  不知明镜里,何处得秋霜。

诗人李白的这首《秋浦歌》采用了极度夸张的比喻手法,把白发比作秋霜,描写了自己怀才不遇的愁思。

苏轼的《少年游·润州作》写道:

> 去年相送,余杭门外,飞雪似杨花。今年春尽,杨花似雪,犹不见还家。
> 对酒卷帘邀明月,风露透窗纱。恰似姮娥怜双燕,分明照、画梁斜。

这首词把飞雪比作杨花,又把杨花比作飞雪,很好地运用了比喻的手法,写出了离别的愁思。比喻真是妙不可言。

据《世说新语·文学》载,某日下雪,谢安与儿女辈谈论文学。雪大,谢安问出:"白雪纷纷何所似?"侄儿谢朗回答:"撒盐空中差可拟。"侄女谢道韫回答:"未若柳絮因风起。"这日常谈吐即成小诗,可见谢家一门风雅。后来撒盐、柳絮也就成了歌咏飞雪的套语。这里谢朗和谢道韫都用了比喻的手法,把白雪比作盐和柳絮。这个故事足见比喻的妙处。比喻无处不在,比喻使人妙笔生花。

近期,阅读哲学家尼采的名著《查拉图斯特拉如是说》,有这样一句比喻我最欣赏:

> 我是河边的栏杆,谁能扶我,便扶我吧!我不是你们的拐杖。

这个句子有两层意思。第一层是,我愿意帮你——不管你是谁,只要你需要,你就扶我,我就帮你。第二层是,我的价值建立在自己的位置上——我之所以对你有用,是因为我在自己的根基上成长,而不是迁就你,成为跟着你到处跑的拐杖。现实生活中拿我们从事的金融行业来说,服务过程中,要么对客户过于谦卑,一味地"求客户";要么对自己的手艺过于骄傲,没有让客户享有平等的金融服务的权利和保障。所以任何时候,我们想想尼采讲的"栏杆"就好了,它不拒绝帮助任何有需要的人,但时时刻刻都在自己该在的地方坚守。再看看台湾著名漫画家几米一幅题为《有效期限》的漫画,非常空灵、飘逸。画的中心是一片浅绿的水,一只洁白的小纸船正悄然无声地漂来，颇有诗意而又孤寂无助。旁边的诗云：

> 一艘小纸船，
>
> 悠悠地漂过来。
>
> 吸饱水分，
>
> 渐渐沉没。

世上所有的美好，都有"有效期限"，这个比喻包蕴了太多的禅意……

是的，美好的事物永远是有"有效期限"的。一方面，无论我们干的事情多么辉煌伟大，它对他人的影响都会受到种种限制，后人不可能完全依据我们的经验、想法行事；另一方面，一个人可以干事的年龄有限，过一村少一村，经一店少一店。你的亲情有"有效期限"，父母可以陪伴你的上半生，却无法呵护你的下半生；儿女能够陪伴你的下半生，却不能参与你的上半生……你无法在所有的时空里称心如意地拥有你想要的全部天伦之乐，就像一只鸟无法在每一个季节都拥有自己优美的歌喉。世间所有的美好,都有"有效期限",这是大自然不可移易的规律。这种规律绝不会因为你获得职务的高低、名气的大小、财富的多寡而有所改变,我们能够做的只是让这种美好保持得长些,再长些。

我特别喜欢"雄关漫道真如铁,而今迈步从头越"这句词,哪怕雄关如铁,也要迈步从头越……

夏天之小论

2018.6.29

春华秋实,古往今来,赞美春、秋、冬的大有人在,而描写夏天的却不算多。王维的诗我很喜欢,其中有首《苦热》写道"赤日满天地,火云成山岳。草木尽焦卷,川泽皆竭涸。轻纨觉衣重,密树苦阴薄",生动地描写了夏天的酷暑炎热,表现了诗人的怨气。其实细细想一想,"夏"也有着一丝别样的风韵。唐代大诗人白居易《池上》是这样歌咏夏天的:"小娃撑小艇,偷采白莲回。不解藏踪迹,浮萍一道开。"夏天,正是"水面清圆,一一风荷举"的季节。杨万里的《晓出净慈寺送林子方》描写西湖夏景也写道:"毕竟西湖六月中,风光不与四时同。接天莲叶无穷碧,映日荷花别样红。"夏天,到池塘边赏荷,是一道美丽的风景。

我爱夏天,因为夏天的代表色是金灿灿的黄,金黄色的阳光、金黄色的麦田、金黄色的玉米……夏天虽然是一个酷热的季节,但也是一个绿意蓬勃、生机盎然的季节,是一幅美丽的图画:天空是湛蓝湛蓝的,没有一丝云,没有一点风,天气热得要命,还伴随着狂风暴雨,说起来真像敢爱敢恨的侠客,也好似我们重庆人的性格;小溪静静地流淌,成群的鱼儿高兴地摇头摆尾;路旁盛开着各样的花,有月季、一串红、芭蕉……朵朵野花争奇斗艳,红的、黄的、紫的、蓝的……把夏天装扮得五彩缤纷,随手摘一束,香,真香!居住的小区里,柳树也已焕发出蓬勃的生机,微风中树枝就像少女的长发一样随风飘荡;杨树更是枝繁叶茂,树叶碧绿碧绿的,在盛夏为我们撑起一个个擎天大伞。

夏日酷暑,夏树苍翠,赤日当空,五黄之月,绿树成荫。小区里的狗热得趴在树荫下,吐出鲜红的舌头,不停地喘着粗气;鸡热得耷拉了脑袋,有气无力地踱步;小鸟不知躲到什么地方去了;草木都垂头丧气;只有那知了不停地在枝头发出破碎的叫声,破锣碎鼓般好似在替烈日呐喊助威……

夏天是美丽的。自己庭院的墙上,爬满了各种植物,长满了野花,有紫色的、粉色的,还有黄色和蓝色的,五颜六色。屋内摆放的一盆盆夏兰,绽放得是那么不显山不露水,袅袅身姿,风韵独特,每一个花瓣上都鼓着一层淡淡的从容、温雅的色彩,给夏日带来一丝幽静,清淡的花香冷艳而芬芳,一阵风吹来淡淡的清香……

夏天是自在的。早晨,小鸟在树林里叽叽喳喳地叫个不停,小区里老人在晨练散步。我和内人登上附近的照母山,"炎炎火日当天,烁石流金之际,只得赶早凉而行",刚登上山顶,就被眼前的一片金黄所震撼。哦,向日葵!放眼望去,向日葵顶着一个个灿烂的笑脸,阳光柔和地拥抱着它们。中午,我躺在庭院里的竹椅上,喝着一杯清茶,哼着小曲,热了就从冰箱里取出一块西瓜解暑。午后,看着小朋友们跳进碧蓝的游泳池中,游泳圈像一朵朵盛开的花朵绽放在水面之上,他们宛如一只只活泼可爱的小鸭,自由自在地游来游去,天真地嬉戏着,孩子们的喊声、笑声、打闹声荡漾在游泳池里。这是一个欢乐的夏天。

夏天的脚步轻快又活泼,万物也随之蓬勃生长:鸟儿欢叫,花儿召开选美大会,蜂儿、蝴蝶穿梭其中,蜻蜓立在荷花上头。夏天真美!

夏天的傍晚,夜空总是挂着迷人的色彩,有点深沉,却带着浪漫,黄昏时天空中的彩云像一幅幅油画,色彩斑斓。等到夜幕降临,天空出现一轮明月,在向我们微笑……

入夜,云收风歇,皓月千里,繁星点点,万籁齐鸣,蛐蛐奏弹,蛙鸣悠扬,奏响一曲曲人间的交响乐……夏天真美,我爱夏天!

无龄感之小论

2019.2.22

过完春节,大学同窗刘先生给我发来一个新词——"无龄感"。当然,这词在《辞海》中查不到。通过自己平日的读书、观察、感悟,我释义一下:所谓"无龄感",指不分男女,不为年龄所约束,跟随自己的心境,保持一种充满青春感的为人处世的心理状态和生活态度。他(她)们并非盲目地不服老,而是在生活中始终保持活力,怀揣童心,对事物充满好奇,勇于尝试,不懈追寻。无龄感的人活得自在,活得精彩,风流洒脱地点燃自己、感染他人……

当下,无龄感的人无论从事什么行业,无论是企业家、教育家、银行家、自由职业者、公务人员,无论阅历深浅、地位高低、财富多寡,无论出现在哪个场合、什么地方,都有一股热爱生活的激情,即便年逾古稀,依然没有垂暮之感,让人易于亲近接纳,让人觉得没有年龄的代沟。他们的思想总是向上,虽阅尽人事,仍然对一切事物保持足够的好奇。我们身旁都有一群这样的人:按照自己的人生节奏,从容优雅地面对生活,自律自信,不向年龄屈服,不向现实退缩,不向自己妥协,活出了无龄感,活出了最美的样子……

80岁的重庆民营企业家尹明善是我的文友,他学外语,玩抖音,刷微信,样样比我还强。前两天我们喝茶聊天,他跟我讲起了春节期间游丽江,买了件红色唐装,穿起来怎么看怎么顺眼,爱不释身,还留影一帧,题曰:"一朝春去红颜老,一袭红衣也风流。"他说:"有闲暇来端详一下自身,犯不着为别人继续苛刻自己吧?为家人、为别人活了几十年,能不能为自己活几年?老人的衣着本来就该艳过年轻人。"

有人问他,是不是读了《葵花宝典》变成像东方不败那样了。他说:"宝典并无,信条倒有:'释放本性,回归本色。各人自穿暖花色,休管他人冷眼光。真本色,自风流。'"

金秋十月回母校参加校庆,刘先生跟我提到,我们的大学老师丁老80多岁了,思维依然敏捷,除了学术造诣高深,对中外历史、时事政治、天文地理都十分了解,玩微信、玩APP比年轻人都顺溜。他一生追求真理,开朗豁达,受人尊敬。

我们熟悉的钱锺书杨绛夫妇也是活出无龄感的榜样。最近读的《且以优雅过一生:杨绛传》,参透了杨绛先生的百年智慧,启发大家做一个明媚从容、淡定优雅的女子。杨绛先生虽生于乱世,却自始至终怀有一颗与世无争之心。她的才情卓然于世,她的爱情鹣鲽情深,她的文学成就举世公认,她的家庭幸福美满。在105年的漫长人生里,她历经曲折动荡,饱经岁月磨砺,年过百岁依然显得优雅从容,这样的一位"无龄"才女活成了世人的典范。

安娜·玛丽·摩西奶奶大器晚成,也是无龄感的代表人物。她晚年成为美国最多产的原始派画家之一。她77岁开始学习作画,80岁在纽约举办个人画展,90岁受到公众关注,101岁创作了最后一幅作品。1960年,100岁的摩西奶奶

曾经寄出一张明信片给一位名叫春水上行的日本人,明信片上写着这样一句话:

>做你喜欢做的事,上帝会高兴地帮你打开成功之门,哪怕你现在已经80岁了。

这张明信片在21世纪展出时,引起了人们的极大关注,因为这位春水上行就是日本著名作家渡边淳一。我想,也许正是摩西奶奶的鼓励伴随着渡边淳一弃医从文,成长为世界知名的大作家吧。摩西奶奶的一生,就像她的随笔集一样告诉我们——"人生永远没有太晚的开始"。

"无龄感"的人大多是一些老顽童,一生为自己而活,活得开心,活得有成就,同时也照亮别人。吾辈要向他们学习,快快乐乐每一天,做自己喜欢做的事,坚持做一辈子"无龄感"的人。

大道至简之小论

2018.12.14

"大道至简"出自老子《道德经》:"万物之始,大道至简,衍化至繁。"意思是说大道理是极其简单的,把复杂的冗繁表象层层剥离之后就是事物最本质的大道理,简单到一两句话就能说明白,正所谓"真传一句话,假传万卷书"。

张首晟教授说,假如世界末日到了,诺亚方舟只能携带一对动物和一个信封,那么中国千年文明留下的思想,用一句话写在信封背面的就是"大道至简"。许多人说起谁牛就说是专家,其实专家并不牛。把大道理用简单的话讲出来,让人人都听懂,这才是真正的牛。

一门技术、一门学问弄得很深奥,是因为没有看穿实质,现实中很多事情搞得很复杂,是因为没有抓住程序的关键。搏击较量,出招虽多却没有一击即中,因为花招多而有效的招数少;中医开药方,十几味药材却抵不上一粒西医的药丸见效快,因为方法不够精准。"博而大",就是没有认清实质,没有抓住关键,反而陶醉在自我制造的纷繁复杂中不能自拔。武林高手总是一招制胜,切中要害,绝不会大战一百回合才击倒对方;精明的商人一招领先,步步领先;高人指点,一语道破天机,不用太多语言……

"大道至简"意味着"少而精","博大精深"意味着"多而广",大道至简与博大精深虽谈不上是一对矛盾,却常常是两种路径。大道至简与博大精深又是可以转化的,大道至简往往要博采众长,与其他专业融会贯通,才能在整合中创新,跳出过往的框框套套,去粗取精,抓住要害和根本,剔除那些无效的、非本质的东西,融合成少而精的东西。所谓"为学日益,为道日损"就是这个道理。

化简为繁易,化繁为简难。从简入繁需要更多的努力和想象力,由繁入简需要更多的逻辑归纳力。试想,如果你想成为一个优秀的作家,则必须具备将看似简单的日常生活通过语言升华为文学艺术的能力;如果你想成为一个优秀的律师,则必须具备透过万千现象抽丝剥茧的逻辑分析能力和进行有效辩护论证的才华。当下吾辈孜孜不倦地学习前辈先贤的好品质,其实就是学习他们既能够轻松地从简入繁,又能游刃有余地由繁入简,相互灵活转化、回旋……

世界上万事万物何其繁复,若无化繁为简,那以有限之生命,根本无法获取更多的认识、知识和规律。化繁为简,可以扩大人类认知的范围。反之,化简为繁又可以提升人们对具体事物的细节的微观剖析……

如教育孩子,我们要更多培养他们化简为繁的习惯,让他们看到大千世界万事万物的多姿多彩,激发他们更多地了解外部世界的欲望和好奇心,这是教育的基本功。作为家长,我们要把外部宏大的系统、理论、道理给孩子们诠释得通俗易懂。如当下的大数据、云计算、人工智能等新事物,更需家长们以不厌其烦的耐心和化繁为简的能力给孩子们讲述得清楚明了。

大道之行,在于至简。认识大道,理解大道,远远不够。大道的终极使命是应用,是执着,是践行。知易行难,明白了认知事物的规律、道理是一回事,能够做到做好是另外一回事。有价值的道理往往是朴实的,看起来很容易,但真正做起来绝不是那么简单。现实工作中,我们要求说话写文章简明扼要,就是我们常说的:要言不烦,简明扼要,一针见血,删繁就简……

当下,我们这一代已步入退休的年龄,应全身心投入当前自己该做的事情和自己喜欢做的事情中去,耕耘自己的心田,以成就自己厚重的人格。这其实并不简单,因为把复杂的事情简单化才难,大道至简,至简以至难,悟在天成。

张首晟,美国斯坦福大学终身教授,美国科学院院士,中国科学院外籍院士。我的女儿、女婿在斯坦福求学期间,常到他家中小聚。他热爱生活,热爱家庭,关心年轻人的成长。回忆起教授留给我们的珍贵话语,仅以本文对他致以最深的缅怀和敬意。

聚会之小论

2019.10.18

时下大家热衷聚会。家庭聚会感受亲情,婚恋聚会寻觅爱情,商务聚会增进合作友谊,同乡聚会化解思乡之情。今天,同学四十年聚会就是重温昔日那段同窗情……

有一种人,曾离我们那么近;而如今,却显得那么遥远。有一种情,曾温暖了我们的年少时光、青葱岁月;而如今,却渐渐被遗忘。这些人,就是我的老同学;这份情,就是同学之间的情谊。小学时,同学是我们最好的"玩伴";中学时,同学是我们最好的"朋友";大学时,很多人都有了自己心中的秘密,喜欢哪个人往往不会和家人讲,但是对最要好的同学却可以和盘托出,简直比"知己"还"知己"。每当毕业时,我们也都曾山盟海誓,与同学依依惜别,也曾说过永远不相忘的话,但是,当我们真正走出校园步入社会,历经春夏秋冬,却发现曾经的老同学早已疏于音问,有的甚至都叫不出名字。那份曾经视若珍宝的同学情谊已被淡忘了许久许久……

因为这次四十年的聚会,这几天我总会翻起那泛黄的老照片,泡上一杯清茶,深吸一口烟,在思绪中追忆陈酿已久的往事。脑海里模糊已久的片段断断续续地回放在我的眼前:有的同学,哪怕只是很少的两三个,注定了就是自己终生相印的挚友;而有的同学,大学一别,至今一个问候的电话都没有,更未曾相见。曾几何时,我们认为,同班同学是永远都不会忘的人,那份浓浓的同学情是海枯石烂都不会变的。而今,你是否还惦记那位经常借一张饭票、探讨作业的同学?你是否无意中想起曾说过毕业遥遥无期,却早已各奔东西?记忆是那么遥远、那么模糊……还好,自己唯感欣慰的是,离黔来渝工作的十五年间,大学79级基建班的三十二名同学,不管是我主动邀请,还是专程来渝看我,加上顺道而来的,扳起手指一算,也有十六名同学与我相聚在山城,观赏夜景,品尝火锅，畅叙往事，同学之情还是那么火辣辣的。

同学重逢报平安，追忆青春仍有影。满座皆为周伯通，不惧岁月琢容颜。笑谈人生一甲子，澎湃点滴已朦胧。这次四十年的同学相聚，大多数同学已进花甲之年，这是人生的一个大站。常言道，人过四十，这时间列车就提了速，越跑越快。忆往昔，1999年二十年相聚恰风华正茂，大家都年轻气盛，聚会时体制内的同学，谈论的是某某在哪个地方混得不错，当了处长、行长、局长、厅长、校长；体制外的同学，谈论的是某某下海经商赚得盆满钵满，呼风唤雨能量大；等等。同学聚会曾一度变成炫耀自己的"秀场"。这种被炫耀声淹没的时刻，对大多数同学来说，令人窒息，很不是滋味。这也是我自己很少参加同学聚会的一个主要原因。时间飞逝，2009年三十年聚会，谈论最多的是某某的小孩考上什么名牌大学，在哪里工作，有什么样的出息。五十岁左右的人嘛，知天命，如何上对父母尽孝、下对子女管教，大家围绕这些话题谈得不亦乐乎。

时至此刻落笔间，大学同学四十年聚会，自己已感觉有些晕眩。说句心里话,我没觉得我们已步入了老年群体,总觉得还能海阔天空地吹、满世界地转悠,还能为儿女们看家护院,还能为第三代当"带薪的保姆"。其实,生理年龄告诉我们,我们确实老了。看看周围的伙计们,数月不见,如隔三秋,容貌变化及衰老程度令人唏嘘。人上六十,我和大家一样,理想谈得少了,健康养生的话题谈得多了。又或者,健康就是理想:生活过得愉不愉快,身体状态如何,包括孙辈怎么样。我想,这一定是这次四十年相聚的主题吧。如果说,二十年的相聚是春天写给夏天的情书,那么三十年的相聚就是夏天写给秋天的收获,而这次相聚,则是秋天写给冬天的喃喃自语⋯⋯

自语其一,知足而乐就在当下。我们这班同学,大多数都已步入老年,留给自己的时间实在不多了,朋友也罢,同学也罢,聚在一起只奔着情感和开心而来。活着一定要乐观,交往一定要真诚,接下来的五十年、六十年相聚,谁也说不清楚⋯⋯相聚如果不投趣、不开心,那么聚会简直是浪费生命和精力。没有必要喝的酒就别喝了,融不进的圈子就别融了,交往不到一起的人就别交往了。消耗型的聚会不仅毫无意义,还徒增许多烦恼。我们都是为自己而活,提升自身的生命价值,这是安度晚年的秘诀,与君共勉!老子在《道德经》中言"出生入死",一人一生就是直奔死亡而走。这条路上有三分之一的人长寿,还有三分之一的人短寿,那另外三分之一呢?老子幽了一默,原本长寿,但为了长寿做了太多的事情了,最后短寿。老子的训诫得记住,身体是拿来用的,而不是一味地养,能走动的要尽情地走动,能吃好的要尽情地享受,善待自己就是尊重生命。同学圈里,有的爱吟诗作画,有的爱唱歌跳舞,有的爱周游世界,有的爱游泳跑步。做自己喜欢做的事,做自己适合做的事,切勿争强好胜。一头驴拉磨时间长了也得歇歇脚,活了大半辈子,做任何事情都不能再硬撑着来。随平淡的心走,定能长寿……

自语其二,我们唯累过,方得闲;唯苦过,方得甜。什么才是真正的轻松?是忙过累过之后,有能力过上自己心安自在的生活。不怕累才会不为生活所累,人生中有些苦是不得不吃的,比如学习的苦、自律的苦。常言说得好,果子凡是在成熟之前都是有苦味的,吃得了苦,方能享得了福。这是生活的公平之处。草木一秋都是过往,那些走过的路、流过的泪,历经岁月的洗礼,都丰富了我们的人生,带给我们智慧和阅历。岁月是一场单程的旅行,好的坏的都是风景;人生如逆旅,你我皆行人,到了耳顺的年龄,不要再去攀比,什么都是浮云,自己健康就是最好,何不潇潇洒洒走到底呢?

自语其三,有个好心态,胜过家财万贯。人有得失,局有输赢。下棋,下的就是一个心态,你的对手只有一个,那就是生活。棋盘上没有高低贵贱之分,本本分分尽自己应尽的职责,踏实地走好每一步,哪怕卑微,也决不能卑贱,要做一个精神的贵族,做一个豁达的人。只有这样,在命运步入结局的那一天,我们才能坦然地告诉自己:我度过了一个无怨无悔的人生。

最后,这次四十年聚会,话题也罢,争论也罢,雄辩也罢,一定要心平气和,围绕开心快乐这一主题。平时大家争论的一些焦点、热点、痛点,说实在的,都心知肚明,人生一世,草木一秋,到了我们这个年龄还有什么不明白的? 什么事情都已司空见惯,唯有难得糊涂呗！真理不见得是由人多人少来认定的,没有必要去争上争下。该磨的棱角已经磨平,要释然,随遇而安。当然,也不怕背后嚼舌头,万一遇到极个别不讲理的人,稀里糊涂开上几炮,出出恶气也无妨。说白了就是一句话:要想活出尊严和快乐,就不要自作多情,因为没人把你"当棵葱"。老来疯上一阵子,也算风流！大家争做老顽童,释放自己,享受愉悦,有何不可?! 当然,聚会一次机会难得,大家交流切勿冷嘲热讽、含沙射影,要有一个好的心态。总之,不能摆谱,没有哪位是高人,更何况大家是平等的同学。

古有寒山问拾得:

世间有人谤我、欺我、辱我、笑我、轻我、贱我、恶我、骗我,如何处置乎？

拾得说:

  只是忍他、让他、由他、避他、耐他、敬他、不要理他，再待几年，你且看他。

年轻时看这段话，觉得拾得大师的话过于软弱，现在年纪大了，越来越能感受到这段话的大智慧。你和别人争执某个话题，你争输了，很丢面子，生气又伤身；你争赢了，看似高兴，实则是失去了一个朋友，甚至埋下了祸根，最终还是输了。不与俗人争利，不与闲人争气。让自己的内心清静无为，有水的包容，有山的镇定。因为我们有缘是同学！

  能来参加四十年同学聚会已实属不易，同学们都心知肚明，聚会是冲着挚友、知己和爱慕的人而来。三观一致，谈得拢的，开诚布公地尽心交流；谈不拢的，拱手作揖道一声好，也算尽了同学之谊、聚会之意，不辜负为了这次聚会操劳的热心同学。

  虽然同学们现在都生活在不同的区域，但我想大家都会有这样一种感觉：在自己的身边有这样的人，他们也许貌不惊人，也许才不出众，却在无形中有一股别样的魅力，让人想与之亲近,放下心防,倾诉心中的秘密。他是谁?是同学。
风景是否美丽,取决于看风景的人。

别忘了,我们曾几载同窗!

别忘了,我们曾给过彼此的温暖!

别忘了,我们曾一起走过的日子!

别忘了,我们是——老同学!

修养篇

文化之小论

2018.11.6

什么是文化？大家众说纷纭，很难下一个准确的定义。笼统地说，文化既是一种社会现象，又是一种历史现象，是社会历史的积淀物。具体而言，文化指一个国家或民族的历史地理、风土人情、传统习俗、生活方式、文学艺术、行为规范、思维方式、价值观念等等。

世人皆知，中国文化博大精深、丰富多元。从哲学的角度讲，儒家讲仁、义、礼、智、信、忠、孝，做人要忠君爱国、严己宽人，做事要公正开明。道家讲阴阳、高下、正反、强弱，讲矛盾的对立统一和相互转化。墨家主张兼爱、非攻，认为天下人都应当不分高低，彼此相爱。法家主张势、术、法三者结合,用完善、严明而公正的组织领导制度治理国家。

文化是一个国家、一个民族的灵魂,一个国家、一个民族的富强,总是以文化繁荣兴盛为支撑的。在新中国即将诞生之际,毛泽东同志在《中国人民站起来了》的著名讲话中充满自信地宣示:

> 随着经济建设的高潮的到来,不可避免地将要出现一个文化建设的高潮。中国人被人认为不文明的时代已经过去了,我们将以一个具有高度文化的民族出现于世界。

今天的中国,电视剧和图书年产量已经位居世界第一,电影总票房超过600亿元……文化消费已经成为老百姓衡量幸福感的重要指标,文化事业和文化产业的改革发展也是当今中国改革开放的亮点之一。

国民之魂,文以化之;国家之神,文以铸之。文化兴国运兴,文化强民族强。习近平同志强调的文化自信"是更基础、更广泛、更深厚的自信","是更基本、更深沉、更持久的力量"。

常言道"成风化人",教育子女,带领团队,让人在良好风气的熏陶下实现自我教育、自我提高靠文化;明大德、守公德、严私德,激发人们学德向善,鼓励社会积善成德靠文化;提升社会文明程度,"习俗移志,安久移质"靠文化。文以载道、文以传情、文以植德,老话说得好,一个人说话行文朴实生动、透彻有力,道理简单明了,讲的就是"有文化"。

一家企业、一座城市、一个国家,历史是根,文化是魂。厚德载物,文化体现品位,更决定未来。当今天下,文化软实力越来越成为实力的重要体现,中华文化博大精深,沉淀着最深厚的精神追求,是我们民族生生不息的丰厚涵养。坚持文化自信,取其精髓,去其糟粕,遵循文化发展规律,做文化的践行者、传播者,既要"送文化",更要"种文化",增强文化的获得感和幸福感,中华文化从自觉到自信,从普及到繁荣,从立足中国到走向世界,激励当下中华儿女以永不懈怠的精神状态和一往无前的奋斗姿态去拥抱幸福美好的明天……

气节之小论

2019.6.28

中华民族是一个重气节的民族,"朝闻道,夕死可矣"是气节的源泉,"鞠躬尽瘁,死而后已"是气节的拓展,"英雄生死路,却似壮游时"是气节的升华。数千年来,中华民族生生不息、弱而复强、衰而复兴,靠的就是气节的支撑。

气节是人生的灵魂支柱和精神脊梁,气节靠人身上的傲骨来体现,气节像松一样铁骨铮铮、遒劲有力,像竹一样坚忍不拔、刚正不阿,像梅一样经霜傲雪、知难而进,像菊一样高风亮节、明德惟馨。气节是一个人灵魂的外在表现,对一个人来说,最宝贵的莫过于气节,当你放弃了自己的气节,就等于放弃了对自己灵魂的所有权。失去气节的人无异于行尸走肉,古往今来许多人舍生取义、杀身成仁,就是为了保持自己冰雪般高洁的节操。

常言道:"人无刚骨,安身不牢。"不食周粟、饿死首阳的伯夷,守志爱国;孔子用"三军可夺帅也,匹夫不可夺志也"称赞气节;孟子倡导"善养吾浩然之气"涵养气节;"既自以心为形役,奚惆怅而独悲",陶渊明远离官场,远离浮华,活得从容守节;羊鞭不改,旌旗不倒,啮雪吞毡,苏武用血泪守住气节;"我自横刀向天笑"的谭嗣同,视死如归;不吃美国救济粮的朱自清,宁死不屈;还有宁为玉碎不为瓦全的无数革命先烈,他们表现出的威武不屈的凛然正气永垂青史,成为后世的楷模。

人们常说"时穷节乃见","时穷"时一个人能够"富贵不能淫,贫贱不能移,威武不能屈",往往是他平日思想锤炼的必然体现。面对纷繁世界、百态人生,金钱阻挡着我们的视线,利益充斥着我们的耳膜,面对眼花缭乱的生活,面对方方面面的诱惑,气节尤为重要。我们需要挺起腰杆,守住气节,使腐蚀近不了身,诱惑入不了心。无私则无畏,无欲则无求,关键要看有没有气节,守不守得住节操。这种精神不是一朝一夕就能养成的,它需要培养,而这种培养又不是"养心养性",用主观的"毅力""决心"来驾驭自己的行为所能办到的,因为气节并不是建立在情感的基础上,而是建立在高度的理性上。什么是高度的理性呢?那就是一个人对世界、对人生有一种正确、坚定而深刻的认识。不让自己的行为违背这种认识,而且能坚持到最后,这就是值得崇尚的一种真正伟大的气节。纵观历史,我们不难发现,凡有成就者必有高风亮节,有了气节,人格人品就有了高度。

一个人、一个国家要讲气节,还要体现为敢于斗争,以和为贵的中华文明涵养了中国人"不惹事"的民族禀赋,不屈不挠的中华民族历经磨难锻造了"不怕事"、敢于斗争的民族品格。面对风云变幻的国际形势,中国一直讲求合作共赢。但合作是有原则、有底线的。国家的主权和尊严必须得到尊重就是重大原则,原则问题中国绝不让步妥协,这是国家民族的气节。以斗争求安全则安全成,以退让求安全则安全亡,这是中国人民在斗争实践中得出的结论。中国的底气是中国不愿打，不怕打，必要时不得不打，这个态度一直没变。中国不会畏惧任何压力，有底气做好准备迎接任何挑战。谈，大门敞开；打，奉陪到底。这是属于一个泱泱大国和人民的底气，"乱云飞渡仍从容"，让世人感到一种强悍的实力和国家的气节。

学习《礼记·大学》时，我深深感到，它将千百年来中国士人最推崇的节操描绘得淋漓尽致：

> 致知在格物，物格而后知至，知至而后意诚，意诚而后心正，心正而后身修，身修而后家齐，家齐而后国治，国治而天下平。

为了完成治国平天下的抱负和理想，一个人首先要做的就是修身养性，有气节，有操守，以达到内圣外王之境，从而揽辔登车，澄清守内。当我们为了功名利禄奔走的时候，应当想一想孔子伟大的气节，大道就在我们心中，我们不应只为自己奔忙，更要心系天下，为社会做出贡献。

做人,就是要做一个心中信仰笃定,初心如磐,跟着心的方向,守护使命的人。砥砺气节,磨砺风骨,守着凛然的气节,人就会从"砍头不要紧,只要主义真"的大无畏,到"威武不能挫其气,利禄不能动其心"的大气概,再到"忠诚印寸心,浩然充两间"的大胸襟。唯有此,一个人才能站得直,立得正,遇事压不弯,打不败。气节犹如壁立千仞,耸立起你自己的刚骨。

孝道之小论

2018.12.7

"善事父母为孝","子爱利亲谓之孝",自古以来,孝就是子女对父母及长辈的一种善行和美德。孝心,是孝顺父母、尊敬长辈的心意,是中华民族孝道文化的核心,是祖先崇拜的文化内涵。古人云"百善孝为先",孝心不仅仅体现在对父母长辈物质层面需求的满足,更重要的是精神上的陪伴、心灵上的沟通。

——"孝"是一切高尚品行的内在依据,是实现一切善行的力量源泉和根本。作为一部儒家关于孝道的专著,《孝经》把"孝"的地位和作用推到极致,使孝道成为中国社会中贯通性、传统性的道德意识。"忠孝传家久,诗书继世长",孝文化不仅是中国传统文化的精髓,也是中华文化核心观念之首要。

——践行孝道与个人道德修养存在一致性。曾子认为,提高修养的方法在于孝的实践与内心的反省,要在实践中不断地参悟,不断开拓心灵的领悟,"吾日三省吾身",讲求通过内心的反省来检验自己的举止是否符合道德的原则。讲求仁爱的人只有通过孝道才能体现仁爱,讲求仁义的人只有通过孝道才能掌握适度的分寸,讲求忠的人只有通过孝道才能符合忠的要求,讲求信的人只有通过孝道才能符合真正的信实,讲求礼的人只有通过孝道才能对礼有真正的体会,讲求强的人只有通过孝道才能真正表现出坚强。

——孔子曾对他的学生讲,孝敬父母什么最难?是"色难",就是不给父母脸色看最难。如果在家里,你流露出不耐烦,甚至抱怨和不屑,会让父母很不安。有人认为给父母买房,请他们吃大餐,让他们去旅游,就是孝敬父母,其实物质给予是低层次的孝,高层次的孝应该是对父母发自内心的敬重和感情上的安抚。百孝不如一顺,谦卑的心,谦和的态度,随时随地对父母微笑,关心他们的精神生活才是孝之大行。人们常说拯救世界很难,但孝敬父母却简单容易,不用花钱去买,不用向谁去借,也不用交学费,何乐而不为?对父母和颜悦色,让父母感到快乐,就是尽孝。

——在当下,在职场,铺天盖地给你灌输的理念是行为举止得当,做事说话让人舒服,就是所谓的高情商,但却很少有人告诉你,真正的高情商首先要用心孝敬自己的父母。许多家长跟我讲,他们的小孩趋之若鹜地参加各种培训提高情商,以便为人着想,赢得他人的赞许,但回到家里立马回归自我,情商归零,对父母不是一脸嫌弃,就是满脸愁容和烦躁,面对父母"早起早睡、多喝开水身体好"的唠叨不是微笑地对待,而是脱口而出"这事说了一百遍,我烦死了",丝毫没有孝顺的语言。又或是常把孝顺挂在嘴边,总说有空再陪父母吃饭,有公休假再陪父母出国旅游,但绝不知道自己赚钱的速度赶不上父母的衰老……

——孝道、孝心是我们生活中永恒的话题,古往今来,感天动地的孝道故事,感人肺腑的孝心楷模不胜枚举。西汉董永卖身葬父,东汉黄香扇枕温衾,三国孟宗哭竹生笋,孝是一首动人的歌传颂至今,给我们太多的震撼和感动。"孝"是稍纵即逝的眷恋,"孝"是岁月间隙的承接,"孝"是生命与生命交接处的链条。

——现实生活中的我们,一生行道的一切几乎都被看作是孝,要立身必须首先成身,身体是父母赋予的,不把自己的身体锻炼好,就是不孝。所以,为了保持家风的淳朴,为父母为家庭取得荣誉,延续家庭的生命,就要锻炼好个人的身体,这是传统孝道对子孙和家庭的最高要求……

——身体发肤受之父母,生我养我教育我,恩重如山,爱深似海。羊有跪乳之恩,鸦有反哺之义,受恩不忘,知恩图报。我们每个人要尽自己所能,从现在做起,从点滴做起,常回家看看,进门报以微笑,出门说一声再见,搬把椅子给父母歇歇脚,倒杯茶水给父母润润喉,工作的喜怒哀乐与父母聊聊,生活的柴米油盐与父母唠唠……只要有心,孝敬父母其实不难做到。期望大家践行、弘扬中华孝道,共做孝子贤孙!

谦逊之小论

2018.2.16

"满招损,谦受益,时乃天道","劳谦君子,有终吉","敦兮其若朴,旷兮其若谷","谦虚使人进步,骄傲使人落后",从哲学观念到日常俗语,这些文字都表达了自古以来中华民族对谦逊品德的赞美与认可。

一个人如果懂得在人世间谦逊地做人做事,那么他就能得到别人的认可,人生的道路就会平坦许多。人们在现实生活中得出这么一个结论:成功来自谦逊。为什么呢?庄子说"吾生也有涯,而知也无涯",明确地指出了学无止境的道理。换句话说,假如你的所知是天上的一颗星,那么知识就是整个宇宙,辽阔无边。一个人只有掌握了许多必要的有用的知识，成功的大门才会向你打开，因此我们要谦逊好学。著名学者笛卡尔说："越学习越发现自己的不足。"是啊，只有通过学习，扩充知识面，你才能真正领悟到"知也无涯"的深刻含义。这样你既不会妄自菲薄，也不会妄自尊大。做到谦逊，不断进取，成功便不招自来。成熟的谷穗低着头，成熟的苹果红着脸，这启示我们：成功来自谦逊。

2012年，我在英国牛津大学学习期间，了解到一些国外学者正在专注研究谦逊的内涵，甚至上升到谦逊型领导。这是一种新兴的管理方式，强调坦承自己的缺点和不足，欣赏他人的优点和贡献，虚心学习。随着外部环境的不断变化，行业、企业所面临的不可预测性和未知性越来越高，这些变化给现在企业的领导者、管理者提出了更高的要求。越来越多的研究者发现，在竞争激烈的环境中获得持续健康发展的企业，无不与其领导者具有谦逊的品质息息相关。他们不断开放创新、虚心学习、尊重他人，从而受人尊重。换言之，谦逊已逐渐成为领导者和企业获得竞争优势的重要来源，而谦逊这一品格也被认为是组织领导者所应具备的基本特征。

许多学者呼吁,我也完全赞成这样的观点:领导者应该放弃"无所不知"的傲慢和权威的架子,避免冗长的交流,学会与他人共同学习,拥有更高水平的谦逊。

谦逊所具有的优点越来越被学界和业界所认可,领导的谦逊性是影响领导有效性的关键因素。谦逊型领导不仅能够为个体的工作结果带来积极的影响,如提高工作投入、工作绩效和工作满意度;而且对于团队和企业层面,也具有积极的影响,如提升团队的学习能力、工作绩效等等。

谦逊是一种品德,一种修养,一种智慧。

> 九牛一毫莫自夸,
> 骄傲自满必翻车。
> 历览古今多少事,
> 成由谦逊败由奢。

现实生活中,我们大家都知道,谦逊是待人接物中最受人接纳的品格,而自大和骄傲则是一种无知的表现。傲慢并不会得到别人的尊敬与欣赏,任何一种自我表现与炫耀,都有可能刺伤对方。永远保持一颗平常心,一颗谦虚的心,处处保持一种谦虚的精神,这才是我们在人际交往中受欢迎、被接纳的最有效方式。只有谦逊,人才能得到快乐,才能远离孤独,接受到更多真诚……

　　人怎么才能做到谦逊呢?我认为,成功时不骄傲,受挫折时不气馁,为人处世保持一颗平和之心,就能获得谦逊的钥匙。我非常欣赏这样一句话:"成就是谦虚者前进的阶梯,也是骄傲者后退的滑梯。"任正非的谦逊型领导品格及华为的企业文化,使华为在激烈而复杂的市场竞争中,虽历经跌宕起伏的苦难,却脱颖而出,业绩超凡,成为世界通信制造企业的领军者。他们何以成功?因为他们选择了永远谦逊地做人做事……

释怀之小论

2018.12.28

什么是释怀？释怀就是：

  对过去的事不再怀念、眷顾，对过往的人不再纠缠、怨愤，对做不到的事不再自责、勉强，对得不到的不再留恋，义无反顾……

释怀也是人们灵感的启明星，是自己对自己负责，是对他人的尊重，对世间万物的一种透彻感悟。

  当下，现代人为什么活得很累？是因为心里装了太多的不舍和琐碎，急促的生活节奏使人们绷紧了神经，常常被情绪牵着鼻子走,遇事不冷静,小题大做,拘泥于过程,纠缠于结果,且不顾事情的轻重缓急,习惯于耿耿于怀。世间总有些事让我们后悔,却无能为力;总有些东西让我们追求,却遥不可及。感情里总有分分合合,生命里总有来来去去,风雨不是磨难,而是磨练!沧桑不是痛苦,而是历练!大度的舍去是对自我心灵的一种放松,是解脱羁绊的一种境界……

我们要学会释怀,释怀等于重来,告别不好的,期待美好的;释怀等于宽容,原谅他人的错误,包容别人的过失。释怀是一种选择,选择快乐和幸福;释怀是一种忘记,忘记烦恼和忧伤;释怀是一种拥有,拥有踏实真诚,舍去浮躁虚伪;释怀是一种勇气,告别过去,不再纠缠抱怨,努力过好每一天!只有释怀才能看淡,只有看淡才能看开,只有看开才能知足,只有知足才能幸福!

学会了释怀,你就减少了痛苦;做到了释怀,你就没有了抱怨。学会释怀,回归一颗平常心,做好一个简单人,一切都是人生最好的安排。

早在2000年前,雅典的伯里克斯就向世人发出警告:

亲爱的朋友们,我们太过于纠结小事了。

法国作家莫鲁瓦说:

我们常常为一些微不足道的小事失去理智,掐指算算,我们活在这个世界上就是几十年头,但是我们却为了纠缠那些无聊的琐事而白白浪费了太多的宝贵时光。

显而易见,倘若我们过分被一些琐事所困扰,生活将会失去多少绚烂的色彩;为他人的缺点错误而惩罚自己,许多本属于自己的快乐,不经意间就被打了折扣。比如,有的夫妻在外吃个便餐,因服务质量不到位而气恼;商店买的东西比网上价格贵了些,自己郁闷了一整天,他们压根儿没有意识到自己的快乐竟然如此廉价。倘若我们不能控制住坏的情绪,自己的好心情还将继续贬值下去。

现实中,每个人都有生气的时候,当你在为某件小事心情难平甚至愤懑不已的时候,不如留出一刻钟让自己平静下来，想一想这件事究竟值不值得生气。你所求何事？能释怀吗？我有一个切身经历，我爱人在小孩六岁时教她拿锦缎边角料剪花，小孩也学得很认真，爱人煮饭离开时，小孩翻箱倒柜把一整床锦缎被面剪得支离破碎。当我们回到屋里时气不打一处来，脸都气青了，正举手想打小孩，恰巧被进屋的奶奶看到这一幕，对我说道："老五，你现在是教孩子，她对这件事做得这么认真，一条锦缎被面剪破了又算个啥？"我们猛然醒悟，怒火顿消。生活的智慧就在于此，无论发生了什么事情，一时怒气难消，你要学会冷静，学会释怀，始终清楚明白自己最想要的、最珍惜的是什么……

常言道"人就这一辈子"，说着容易，听来简单，想起来却很深沉。拿得起放得下才是淡然。拥有时倍加珍惜，失去了权当是接受生命真知的考验。释怀，它能使人在软弱时变得勇敢，骄傲时变得谦虚，颓废时变得积极，痛苦时变得欢愉。我常想，世间的劳苦愁烦、恩恩怨怨，如有不能化解的、不能消受的，不也就是这短短的几十年吗？若是如此，又有什么解不开、不释怀的呢？凡事皆能释怀，你就真正地了不起！

竹子之小论

2019.8.23

竹子,原产于中国,枝杆挺拔修长,四季青翠,傲雪凌霜,备受中国人喜爱,与梅、兰、菊并称为"四君子",与松、柏并称为"岁寒三友"。古今文人墨客,爱竹咏竹者众多,竹也被称为中国的文化象征。

竹文化是中国人在长期生产实践和文化活动中把竹子形态特征总结成一种做人的精神风貌及品格,如谦虚、气节等,其内涵已成为中华民族品格、禀赋和精神的象征。看到竹子,人们自然想象到它的不畏逆境、不惧艰辛、中通外直、宁折不屈的气质和品格。这是一笔取之不尽的精神财富,也是竹子特殊的内涵魅力和价值。

在众多的植物中,如果有人问我喜欢什么植物,我会毫不犹豫地告诉他,我喜欢竹子。它虽然没有牡丹那样的雍容华贵,也没有玫瑰那样的艳丽妖娆,但却顶天立地,宁折不弯。当它还是竹笋时,就在泥土中蓄积力量,待到春雨一打,它便将蓄积已久的力量爆发出来,从竹笋露出头来,仿佛火箭似的飞快疯长,直到长成参天挺立的竹子……

近日,到家乡遵义赤水避暑度假,来到竹海国家森林公园,这里有楠竹十七万亩,满布群山峻岭。登上公园的"观海楼",凭栏眺望,一望无际的茫茫竹林,铺山盖岭,给人回归大自然的美好享受。走进竹海,一股清香的气息弥漫开来,看到漫山遍野生机勃勃的竹子,脑海中浮现出"一节复一节,千枝攒万叶"的诗句。它们婀娜多姿,青翠欲滴,像一个个朝气蓬勃的小伙子;它们四季常青,无论何时来到百里竹海,永远都是一片绿色的海洋。一家人穿梭在竹海中,触目古代竹民的栈道岩,尽情地领略无限美景。立秋后的林海,一场突如其来的雨,让大家凉爽安逸了,卧听风雨,仿佛不再是雨声,而是笋子破土而出的窸窣声……阳光透过一尘不染的空气,

竹子之小论

透过竹叶照在刚出土尚裹着新泥的浅青绿色的嫩竹笋身上,熙熙攘攘的嫩竹笋从肥沃的竹林地里争先恐后地伸出头来向人们招手。当地人嫌一时间难以说清这些竹子的名称,便大而化之,简称"楠竹笋"和"杂竹笋"。每到春秋两季,许多人进山采笋、剥笋、食笋,品尝鲜笋的美味,形成了当地多姿多彩的竹笋文化。因竹节稀、壁厚、尖削度小、材质优良,竹子全身都是宝:竹纤维可以用来做衣服,竹浆可以用来造纸,竹编工艺品家家户户都在用。毫无怨言、倾情奉献,这就是竹子的优秀品质,用竹子比喻扎根于土地的中国人勤劳淳朴、任劳任怨的精神特质也非常贴合。

从竹子联想到做人做事也是如此,不要担心你的日常付出得不到回报,因为这些付出都是为了蓄成根基,人生需要储备,有多少人没能熬过那多年的储备而成不了材。有个故事,同是两根竹子,一根做了笛子,一根做了晾衣竿,晾衣竿不服气地问笛子:我们都是山中的竹子,凭什么我每天日晒雨淋、不值一文,而你却价值千金呢?笛子回答:因为你只挨了一刀,而我却经历了千刀万剐,精雕细琢。所以,经得起打磨,耐得住寂寞,扛得起责任,担得起使命,人才会有价值。看到别人成功,不要嫉妒,不要怨恨,肯定是别人付出的比你多。古往今来,凡有成就者,诀窍无他,都是能艰苦历练,肯下笨劲,"心在一艺,其艺必工,一心在职,其职必举",心无旁骛,专业专注。成长不是一蹴而就的,没有什么人生开挂,只不过是厚积而薄发。

竹子历来都深受喜爱,人们爱它的坚贞不屈,爱它的凛凛气质。其挺拔颀长,代表君子洒脱的风度;其坚韧有节,体现仕士不屈的操守。文人墨客,写下了无数咏叹竹子的诗篇,让人顶礼膜拜。我特别欣赏苏轼的"宁可食无肉,不可居无竹。无肉令人瘦,无竹令人俗",受之影响,七年前我也在自家的庭院旁边栽了两束竹子,寄托着"竹报平安""节节高升"的祝福。自从有了这些竹子,好风吹人顺,飞鸟时不时来到这里,每当月夜映衬着竹子,我就联想到我的诗和远方……

咬定青山不放松,

立根原在破岩中。

千磨万击还坚劲,

任尔东西南北风。

我喜爱竹子,敬重竹子,更要一辈子学习、坚守竹子的高尚品格。

信任之小论

2017.12.15

信任,是人与人至诚关系的一种体现。信任是一座桥,连接你我的心房;信任是一棵树,慰藉你我的浮躁;信任是一盏灯,驱散你我的雾霾。有了信任,人与人之间就不会有欺骗;有了信任,人与人之间就可以相互托付。培根说,人与人之间最高的信任,无过于言听计从的信任。就因为信任,你才会言听计从。生活因信任而美好,世界因信任而美丽。

关于信任,文学家给了我们很多诠释。美国作家戴维·威斯格特说:

> 你有义务去信任另一个人,除非你证实那个人不值

得信任；你也有权受到另一个人的信任，除非你已被证实不值得那个人信任。

法国作家大仲马说：

当信用消失的时候，肉体就没有生命。

卢梭说：

你要宣扬你的一切，不必用你的言语，要用你的本来面目。

现实生活中，信任的例子举不胜举。我生活的小区旁边，就有一个烙饼的刘姓大爷，门面摊位上竖有一个诚实的招牌，上面写道："摊主在里屋做饼，凡买饼者一个两元，请把钱自行放在箱子里，谢谢合作！"短短一句话，彰显了刘大爷对陌生人的信任。正是他的信任，几年来，他的生意兴隆，新老顾客络绎不绝，他的饼也从未被人偷拿过。他对别人选择了信任，别人也对他选择了诚信，所以说信任是相互的。

当下，部分电视、网络、杂志等媒体充斥着一些负面信息和虚假信息，容易产生信任危机：你会觉得很多东西不可信，对待任何事情都怀着疑心，生怕自己蒙受损失。如果我们手持一支笔和一张纸，记录是否受信任，比如"我今天借了一个同学或同事的东西，他却不担心我私吞，我很开心"，"我今天在校门口上公交车的时候突然发现没有零钱了，就跟司机说能不能下一次补上，司机同意了"……你会发现，其实社会上往往受信任的事情很多。我们不能让传统美德消失，而要让它发扬光大。我们要从现在做起，从身边的小事做起，把信任融入日常工作生活中去，通过大家的共同努力，打造出一片信任的天地。

语言是沟通的桥梁，信任是桥梁的支柱，信任不再，支柱不稳，桥梁便不能完整，于是便有一条鸿沟隔着彼此，无法相通。人与人交往的过程中，大家都有这样的感受：最怕深交后的陌生，认真后的痛苦，信任后的被利用。当刻骨铭心、魂牵梦萦的真情，蒙上了猜疑和不信任，心里的第一感受便是屈辱、愤懑和悲哀。所以说，信任是一条连心结，连接了无数的心灵。常言说得好，"百年修得同船渡，千年修得共枕眠"，守候在岁月里的夫妻情，靠的是信任、理解和尊重。

信任是事业成功的基石，信任自己是基础。当一个人信任自己的时候，就会产生巨大的能量，成为不一样的自己。就像夺得法网冠军的我国运动员李娜，在面对接二连三的受伤和失败后，她没有自暴自弃，反而"娜"样微笑地去面对，重新给自己定位，从内心相信自己，相信自己可以改变，坚持不懈地总结反省自己。是信任自己的力量使她最终得以成功，观众看到的不只是她比赛时动作敏捷的美，更看到她内心散发的自信之美，她的这种美赢得了更多人的喜爱。

信任是现代社会不可或缺的一种个人无形资产，诚信的约束不仅来自外界，更来自于我们的自律心态和自身的道德力量。人与人之间的相处，信任是前提。要想被别人信任，就要先信任别人；信任别人，也就是信任自己。只有你信任他人，他人信任你，才会将这种信任传递开来，形成人与人之间关系的纽带,从而带动整个社会。

　　信任是人与人沟通的必要条件。人生之幸莫过于被人信任,人生之憾莫过于失信于别人,信任会让彼此的生活更加完善、幸福。

斗志之小论

2018.10.26

"郎有虞心而恃其城,莫有斗志",斗志是一个人优秀的精神品质,斗志使人意气风发、激越昂扬,斗志会激发人的潜能,常常主宰着成功。无斗志便会精神不振,懒散怠惰;无斗志便会意志消沉,往往使人选择放弃,不攻自败。

白驹过隙,我为国家银行履责已有 42 年,期间,顺利辉煌、挫折教训都有过。我一生最信奉的是脚下的路没有人替你决定方向,心中有梦没有人能替你去完成,既然选择了远方,就一路风雨兼程,体会人间冷暖,经历物是人非,学会自我疗伤,学会坦然释怀。坚守斗志就没有什么能让自己退缩,坚守斗志就没有什么能把自己打垮;没有等来的辉煌,只有奋斗的精彩。

你想要什么,迫切地想得到什么,这是欲望。人的斗志只有在有欲望或者受到刺激时才会被激发。你受到过刺激吗?你有自己很想得到的东西吗?

斗志是一种心理状态,是性格的一部分,斗志就是不服输,不放弃。每个人都有斗志,只不过有的人斗志旺盛,有的人斗志不强烈。一个人的斗志是长期积累形成的,受很多因素的影响。比如当你坚持不懈地去追求自己喜欢的东西时,你的斗志就已经在不知不觉中得到提升。

强烈的刺激也可以激发斗志。举个例子,你很爱一个女孩子,非常地爱,有一天你向她表白了,但人家毫不留情地拒绝了你,还指出了你的种种缺点。看着自己最喜欢的人这样毫不留情地打击自己,心里会是什么感觉?是愤怒,还是伤心?肯定都有。如果愤怒之下决定改变自己那就是奋发图强,这就是斗志。

想超越自我就必须能接受刺激。经得起挫折,你才能知道什么是自己最想要的东西,才有强烈的渴望。当强烈的渴望转化为动力时,你就有了斗志!这时不论你遇到什么困难、什么诱惑,你都可以坚持走完自己所选择的路。

　　斗志来自理想,无理想便没有奋斗;斗志来自决心,无决心便遇难辄止;斗志来自信心,无信心便踌躇不前;斗志来自勇气,无勇气便知难而退;斗志来自鼓舞,有信心能激励前进;斗志来自永不言败,纵然屡战屡败,也要屡败屡战,不达目的誓不罢休,直至胜利。

　　人生靠斗志,别忘了答应自己要做的事,别忘了答应自己要去的地方,无论有多难,有多远……

点赞之小论

2019.5.17

点赞,来源于社交网络的一种赞美功能,当下这种最简单的赞美方式,传播之快,使用之广,令人叹为观止。点赞简单直白、随意从容,是对人、对事的一种基本态度,可以表明立场、传递情感、攒聚人气。点赞见证人际交往,呈现人情世态。

常言说得好,前有路人点头之礼,今有网络点赞之交。步入网络时代,点赞之交也随之成风化俗。放下深度、温度不提,毕竟广度、维度在不断增加,点赞也引发公众褒贬不一。依笔者之见,点赞首先表达点赞者对事对人的态度。对朋友而言,点赞表达了维护彼此友谊关系的意愿,毕竟"人生乐在相知心",表达自己的关注有利于增加好友间的亲密度,情感上拉近了彼此的距离。其次,点赞有效剔除了彼此交流沟通的冗余程序,极大简化便捷了交往互动的形式。简约之美,适合快餐化、碎片化的网络文化大环境,更适合众人"大道至简"的心理和口味。现代生活,大家各忙东西,行走四方。点个赞,就会以"虽然没有什么可说,但可以打个招呼"的名义,填补一下良久未见的虚无。再次,初识的朋友,话很投缘,相见恨晚,加个微信,有个点赞之交,也算有了交情。这样相比现实社会的人情往来,代价实在低廉。可以说,点赞行为凸显了虚拟世界的魅力所在。

点赞,其利彰显,其弊也明。点赞终究是点赞,它缺乏人与人交流的深度,无法增强彼此的了解。"人之相识,贵在相知。人之相知,贵在知心。"今天的微信点赞之意,怎比古人的秉烛之言?举个例子,当一条表达负面情绪或诉说不快的信息得到了别人的无意点赞时,主人也许会认为点赞是幸灾乐祸,但实际上点赞者只是"已读"的习惯动作。特别是"点赞"的简化,也会导致部分行为的浅表化、随意化、庸俗化,其害也深、也广、也远。追求四处留赞的存在感,只会使微信群里多出一个个没有真实思考的苍白蜡像人。盲从跟风、点赞满满的朋友圈无法掩盖更无法代替真实的世界。

拿我比较关注并参与的"大基班"群来说,点不点赞,点哪样的赞,个个面貌不一,良莠不齐。有认真负责的,他们为"好"与"真"传送赞美,而有的点赞不分"好坏真假",举手投足只为表现自己的存在。一些垃圾信息、"口头禅"、"标题党"的文章充斥微信群,事实之假令人不适,甚至让人反感。更有甚者,有的群把个人的恩与怨、得与失搅混发泄于群里,热衷故弄玄虚,沉迷卖萌八卦,背后无非是"眼球情结"在作怪。他们的捣蛋胡来,使得原本良好的沟通氛围,失去了积极向上的味道;他们的狭隘冷漠,使点赞的尺子带了偏见。尺子訇然寸断,无利于群沟通的健康存在,更无利于人与人的交往和感情联络。

谈起"点赞",我们每一个人的心中都有把尺子。我们用它来衡量别人,更要时常度量自己。于情洒温暖,于理显公平,于法彰正义,点赞与颂扬时时彰显人生的态度和光芒。

从点滴之赞做起，苛责自我，宽厚待人，多看别人的闪光点，我们的群终会洒满阳光，洒满爱。如我们群里的一些老哥老姐们，大学毕业就留校教书，终生为我国的高等教育事业奋斗，我们为他们点赞；"百善孝为先"，班里的黄二哥为老母尽孝道之事，践行忠恕仁爱之道，我们为他点赞；自律者桂生同学，从大学期间坚持晨练，到工作恪尽职守，一辈子的坚守就是自律，我们为他点赞；经常逗大家乐，给大家带来愉悦心情的老吴、扬子，我们为他们点赞；柯剑走遍大江南北，将祖国的大好河山一一揽进自己的镜头，与大家分享，我们为他点赞；六位女同学阳光健康，兴趣广泛，个个心态好，我们为她们点赞……

　　我们怎样点赞？每个人都有自己的性格、偏好、想法和做法，无需质疑。我认为正义、自律、真善美，要点赞；热爱生活，处世豁达，待人谦逊，善良真诚，要点赞；一生勤奋，秉正做人，秉志读书，要点赞；给他人带来希望，指明方向，树立榜样，我们更应毫不吝啬地为他点赞……赠人玫瑰，手有余香！

唐诗之小论

2018.1.12

盛唐时期,星河璀璨,优秀的诗歌如井喷一样涌现,《全唐诗》就收诗四万八千九百多首,这一时期既有"诗仙"李白、"诗圣"杜甫,又涌现出了李商隐、杜牧这样的杰出诗人。

乾隆有评:

> 太白高逸,故其言纵恣不羁,飘飘然有遗世独立之意。

先来看看李白的诗,其特点是飘逸灵动,如这首《黄鹤楼送孟浩然之广陵》:

> 故人西辞黄鹤楼,
> 烟花三月下扬州。
> 孤帆远影碧空尽,
> 唯见长江天际流。

其中"烟花三月下扬州",让多少人慕名来到扬州。千年前的诗人李白,怎么也不会想到,他的一句诗,让世人对扬州生出无限的爱慕和憧憬。从唐诗中走出来的扬州,即使只是轻轻念上两声,也会让人觉得风情无限。让一个地方增辉添色,这就是唐诗的无穷魅力。

再来看看杜甫,乾隆批曰:

> 有唐诗人,至杜子美氏集古今之大成,为《风》《雅》之正宗。

杜甫集古今大成,诗风沉郁顿挫,实是唐诗艺术顶峰的

代表。如他的《望岳》:

> 岱宗夫如何？齐鲁青未了。
> 造化钟神秀，阴阳割昏晓。
> 荡胸生层云，决眦入归鸟。
> 会当凌绝顶，一览众山小。

唐玄宗开元二十三年(735)，诗人杜甫到洛阳赶考，结果落第而归。开元二十四年(736)，24岁的杜甫开始了一种不羁的漫游生活。他一来到泰山，便被雄伟的泰山景象所震撼，挥就了这首《望岳》，字里行间表现了诗人的浪漫与激情。全诗没有一个"望"字，却紧紧围绕诗题"望岳"的"望"字着笔，由远望到近望，再到凝望，最后是俯视，描写了泰山雄伟磅礴的气象，抒发了诗人勇于攀登、傲视一切的雄心壮志，洋溢着蓬勃向上的朝气。鼓励人们在生活中奋斗，战胜一切困难，这也是唐诗的积极意义所在。

看完"大李杜"，我们再来看看"小李杜"，即李商隐和杜牧。

> 昨夜星辰昨夜风,
> 画楼西畔桂堂东。
> 身无彩凤双飞翼,
> 心有灵犀一点通。
> 隔座送钩春酒暖,
> 分曹射覆蜡灯红。
> 嗟余听鼓应官去,
> 走马兰台类转蓬。

这首《无题》可谓李商隐恋情诗的代表作。清《唐诗鼓吹评注》认为此诗为"追忆昨夜之景而思其地,谓身不能至而心则可通也",李商隐追忆前夜宴聚,心里默默惆怅。清胡以梅《唐诗贯珠》评此诗:"妙在欲言良宵佳会,独从星辰说起……两句凌空步虚,有绘风之妙。"全诗以心理活动为出发点,诗人的感受细腻而真切,将一段只可意会不可言传的情感描写得扑朔迷离而又入木三分。抒写人世间美妙的爱情,这也是唐诗的一大特点。

再来看看杜牧的诗,其特点是咏史抒怀,如这首《泊秦淮》:

> 烟笼寒水月笼沙,
> 夜泊秦淮近酒家。
> 商女不知亡国恨,
> 隔江犹唱后庭花。

六朝古都金陵的秦淮河两岸是达官贵人们享乐游宴的场所,诗人夜泊于此,眼见灯红酒绿,耳闻艳曲,触景生情,又想到唐朝国势日衰,当权者昏庸荒淫,感慨万千,写下了这首《泊秦淮》。记载历史,抒发诗人的感悟,这是唐诗的又一大特点。

杜牧还有一首描写扬州景色的《寄扬州韩绰判官》:

青山隐隐水迢迢，

秋尽江南草未凋。

二十四桥明月夜，

玉人何处教吹箫。

诗中的瘦西湖二十四桥，是赏月的绝佳之处。诗中赋予的想象空间比现实更具有美感，二十四桥不沉的明月，让人对扬州生发出无限的想象。

　　唐朝的诗人能写出千古绝唱，是因为诗歌表达的是他们内心的声音，是他们的家国情怀。我喜爱唐诗，钟情唐诗，伴着绿茶的袅袅清香，在温暖的炭火旁捧读唐诗，好似一个心怀天下、豁达飘逸的少年郎，仗利剑飘然立于高山之巅……

宋词之小论

2018.1.19

宋词之美,美在"众里寻他千百度,蓦然回首,那人却在灯火阑珊处",美在"大江东去,浪淘尽,千古风流人物"。宋词是优雅的,是豪放的,是婉约的。黄昏,天空下起淅淅沥沥的小雨,枕一卷宋词入眠,是多么的诗情画意。

宋词分为豪放派和婉约派。豪放派的代表人物是苏轼和辛弃疾。先来看看苏轼的这首《念奴娇·赤壁怀古》:

大江东去,浪淘尽,千古风流人物。故垒西边,人道是,三国周郎赤壁。乱石穿空,惊涛拍岸,卷起千堆雪。江山如画,一时多少豪杰。

遥想公瑾当年,小乔初嫁了,雄姿英发。羽扇纶巾,谈笑间,樯橹灰飞烟灭。故国神游,多情应笑我,早生华发。人生如梦,一尊还酹江月。

2000年7月,我来到赤壁之战的古战场,它位于今湖北省赤壁市西北部,"赤壁"二字位于赤壁矶头临江悬岩,南距市区38公里。东汉建安十三年(208),中国历史上著名的"赤壁之战"就发生在这里。跟着宋词游赤壁,不仅可以感受到当年周郎赤壁的意气风发,还可以感受到当年古战场上的壮怀激烈。情不自禁地,我就感觉到天地变开阔了,心胸也豁达了,生活工作中的烦恼,在历史和英雄面前都变得渺小和不存在了!

再来看看辛弃疾的这首《西江月·夜行黄沙道中》:

明月别枝惊鹊,清风半夜鸣蝉。稻花香里说丰年,听取蛙声一片。

七八个星天外,两三点雨山前。旧时茅店社林边,路转溪桥忽见。

这是一首描写山林景物的佳作,笔调轻快,语言浅明,摹写逼真,使人闻到一股浓郁的乡土气息。作者置身于美好自然中的快意,和展望丰收年景而感到的喜悦,无不跃然纸上,给人一种历历在目之感。

婉约派的代表人物是柳永和李清照。先来看看柳永的这首《雨霖铃》:

> 寒蝉凄切,对长亭晚,骤雨初歇。都门帐饮无绪,留恋处,兰舟催发。执手相看泪眼,竟无语凝噎。念去去,千里烟波,暮霭沉沉楚天阔。
>
> 多情自古伤离别,更那堪,冷落清秋节!今宵酒醒何处?杨柳岸,晓风残月。此去经年,应是良辰好景虚设。便纵有千种风情,更与何人说?

这首词描绘作者离开京城,与恋人惜别的情景。词中流露了诗人身世坎坷、前途渺茫之感，也表达了对所爱女子的真挚感情。通篇层层铺叙，情景交融，堪称柳永词的代表之作。

再来看看李清照的这首《一剪梅》：

红藕香残玉簟秋，轻解罗裳，独上兰舟。云中谁寄锦书来？雁字回时，月满西楼。

花自飘零水自流，一种相思，两处闲愁。此情无计可消除，才下眉头，却上心头。

李清照与赵明诚结缡未久，赵明诚即负笈远游。李清照不忍离别，寻得锦帕书该词送给夫婿。李清照精研宫律，该词用语浅近而感情深挚。

退居二线的我，每天泡一盏清茶，读一首宋词，唇齿含香，思绪万千。宋词好似一个心思细腻、柔情难赋的小女子，一介广袖流苏，一支箫管声咽，驻于楼台之巅。宋朝是一个精致的讲究生活的时代，宋词则是这个朝代最好的注脚。让我们读读宋词，遥想大宋时代的绝代风华……

绘画之小论

2017.4.28

绘画,是借助一定的载体和工具,以图形为主要形式表达画家的思想和情感的一种艺术语言。绘画是世界艺术殿堂中影响广泛、备受人们青睐的一门艺术,自远古的彩陶图案、岩洞壁画,到古希腊艺术的伟大觉醒,到宋元绘画高峰,再至异彩纷呈的当代绘画,古今中外一代又一代的艺术家以其洞幽入微的观察力、超脱尘世的秉性、细腻激扬的情愫,凭借生花妙笔,创作出了无数技艺精湛、影响深远的名作。这些经历时间考验的名作不仅丰富了世界艺术宝库,还感染和影响了成千上万的人,叩击着一代又一代人的心灵,给人以精神上的享受和艺术上的熏陶。

唐代张彦远《历代名画记》叙画之源流，曰：

> 夫画者，成教化，助人伦，穷神变，测幽微，与六籍同功，四时并运，发于天然，非繇述作。

他认为绘画是发自天然的作品，不是古代圣贤的述作，在教化人伦方面，绘画的功能与六经同等重要，与自然四季同时运行。这与中国古代绘画强调天人合一的至高境界是一致的。2011年，海峡两岸文化交流中的一件大事，是画作《富春山居图》的合璧大展。浙江小城富阳那里的人们，个个都在为出自此地的千古佳作而骄傲自豪。这幅大作，是六百多年前的元朝，年近八十的画家黄公望在富春江一带山居时创作而成的。他在题画中说，此画三四年未得完备，王原祁更说他"经营七年而成"。黄公望被誉为"元季四家"，他的山水画创作，对近古山水画的发展起着很大的作用。黄公望的传世作品不少，《富春山居图》即为他最著名的代表作。当年这幅画，黄公望是画给道友无用师的，因此该作又被称为"无用师卷"。作品描绘富春江一带山林泉溪的初秋景色,是一幅"实地山水的概括性"作品,"几百年来,神采焕然",终成为这座城市的象征和最伟大的记忆,并越来越多地为这座小城带来财富和关注。这正是绘画的伟大之处。

中国的传世名画,受人们喜爱的多是一些隽永的山水画,因其意境深远。我们再来看看国外的名画,最家喻户晓的莫过于达·芬奇的《蒙娜丽莎》。它是肖像画集大成者达·芬奇无与伦比的天才之作,拥有无以复加的影响力和享誉全球的知名度。傅雷曾说:

> 《蒙娜丽莎》这幅画的声名、荣誉及其普遍性,几乎把达·芬奇的其他杰作都掩蔽了。

达·芬奇的作品给观众的印象,是"一种销魂的魔力",这就是蒙娜丽莎的神韵。除了对画作技巧的评价外,半个多世纪以来,人们更多的是诠释蒙娜丽莎神秘莫测的微笑和微笑背后的无尽神秘。《蒙娜丽莎》不仅继承了古希腊庄重典雅的艺术风格，更是突破了当时人物肖像画的局限，触及了人物更深层的精神世界。蒙娜丽莎谜一样的微笑，给予我们"最缥缈、最恍惚、最捉摸不定的境界"，这与中国传统绘画追求"无穷""不定"的精神境界遥遥相契。

联想到现实生活中，自家的小孙辈们对绘画有天然喜好，硕果果两岁就能涂鸦了，黄国好今年才十岁就获得了年级绘画的第一名。家里人没有画画的天赋，创造是一种无中生有，不能教也无法学。我在想，此刻的他们需要的不是"教"，而是可供自由发挥才情与想象的宽广空间，这需要他们自己去体验。艺术不能教，而色彩与美感则需要培养。孩子们刚开始拿起画笔，就站在原始的高点上，他们不需要像成人一样，得要摆脱视觉惯性的约束，以纯真的眼睛直达事物的本然核心，这些独一无二的原创都不是教出来的。以守全直觉的观察画出"心像"是他们的本能，这种与生俱来的能力是许多画家甚至是艺术大师毕生所追求的。

我书房的墙壁上，挂着一幅表弟白勇十六岁那年临摹的梵·高油画《星月夜》。《星月夜》是一幅既亲切又茫远的风景画：高大的柏树战栗着,山谷中的小村庄在尖顶教堂的保护下安然栖息,宇宙里所有的恒星和行星在旋转着、爆发着。这是一幅有着"超现实主义"影子的经典之作,是画家自我心灵的写照。它有着精密的构图、强烈的动感和震撼人心的视觉冲击力,是跨越时空的旷世之作,是标新立异、大胆创新的典范。表弟如今已六旬,画了一辈子画,经常跟我讲:"五哥,四十四年前作笔临摹的这幅画是我一生中最好的画作。"

绘画艺术历史悠久,源远流长。在数千年的发展过程中,许多伟大的画家创作了不胜枚举的传世名画,极大地丰富了世界艺术宝库,给人类留下了一笔宝贵的精神遗产。一个人在其一生中,应多欣赏、了解一些传世名画,这不仅是弘扬传统文化的需要,还可以从中学习到丰富的历史文化知识,提高审美情趣,提升艺术修养,进而优化知识结构,成长为一个全面的人。

读书之小论

2019.6.21

　　读书诱发人的思绪,使想象超越时空;读书丰富人的思想,如接触庞大智慧的老人;读书拓展人的精神世界,使人生更加美丽。书是一阵风,吹散烦恼乌云;书是一阵雨,滋润心灵成长。历代前贤对读书的感悟给世人留下了众多的佳句,我还是最欣赏苏轼的"腹有诗书气自华",培根的"读书补天然之不足,经验又补读书之不足"。书是人类进步的阶梯,读书让我们在知识的海洋里遨游,读书增强自信,读书增加魅力。无论是欢乐或痛苦,无论是寂寞或彷徨,书总会静静地伴在我们身边,分享我们的喜悦,抚慰我们的心灵。

　　联想到自己的成长历程,从小在父亲的熏陶下,自己逐渐养成了读书的习惯,但"文革"期间,家里的藏书都被收缴,父亲以他惊人的记忆力,熟背他读私塾时的篇篇范文。他一边朗诵,我们一边用笔记下学习;家里偶尔借到一本书,四兄妹争抢不休,结果都是以抓阄形式依次分享;为了阅读邻居王伯伯家的小人书,兄弟姊妹都争抢着为他做半天家务,目的就是为了得到一本小画书阅读。70年代末恢复高考前的备战时光,要找一本复习用书都是遍寻无觅;进大学后,一本《少年维特的烦恼》,十人一间的宿舍里,同学们依次打水、扫地来确定传阅顺序;班里同学纷纷抄写传阅汪国真的手抄本诗集,"没有比人更高的山,没有比脚更长的路""既然选择了远方,便只顾风雨兼程",这些句子都已镌刻心中,成为自己前行的座右铭。

前些日子,外省的同窗好友来渝,吃完火锅,相约造访久闻的网红书店钟书阁,依旧是传闻中的门庭若市、车水马龙,钟书阁确实已成为重庆一线网红书店的代表。店内灯光闪烁、人头攒动,读者如痴如醉,逛者兴奋莫名,那种购书之乐、书香之气、品鉴之美,是在实体书店才能享受到的独韵雅味。

此时的钟书阁,与我们从前读书的条件和氛围有了天壤之别,不需要为求得一本书付出半天的劳作,更没有古人"凿壁偷光""头悬梁、锥刺股"般的苦。

古人云:"天下之事,利害常相半;存全利而无少害者,惟书。"不问贵贱、贫富、老少,观一卷则有一卷之利;观书一日,则有一日之利。通过读书你可以视通四海,思接千古,与智者交流,与伟人对话,对于一个生命有限的人来说,读书是多幸福的事啊!读书带给我无穷的乐趣,无论是清晨还是黄昏,手捧一本泛着清香的书,坐在沁着凉意的草地上,让碎碎的阳光慵懒地洒在身上,然后在青草与阳光的味道中,用长着触角的心灵抚摸和领略书中的奥秘,这是何等的安逸和畅快!

现在,各方面条件好了,自己在家中置备了古今中外古典名著若干藏书,搞起了家庭书架,营造书海文山般的氛围。我认为,如果把阅读变成"悦读",又是一种质的飞跃,"阅读"是一种习惯,"悦读"则是一种境界。我平日闲暇时坐在自家庭院中,沏壶清茗,再细细品味书中那熟悉的味道,却有另一

番韵味和感受,再随手写篇小论,这也算是"悦读"之趣吧。朱熹《训学斋规》谈道:

> 读之须要读得字字响亮,不可误一字,不可少一字,不可多一字,不可倒一字,不可牵强暗记。只是要多诵遍数,自然上口,久远不忘。

"读书千遍,其义自见",也是这个道理。"知之者不如好之者,好之者不如乐之者",同样是读书,以阅读为乐,加上好的阅读方法,自然对知识和智慧吸收得更快。

读书是世界上成本最低的升值方式,它扩大了我们生命的广度和深度,让人年轻充实。近三年来,我坚持读书,坚持每周写篇小论与各级领导、朋友和同事分享,很多人与我交流读后的感受,字里行间充满了温情,大家一来二往相谈甚欢,性情相投的朋友走得更近了,人与人之间的友情更加真实了……

读书苦不苦?我觉得是"心苦",就如同朝圣路上的修行一般。但读书更有"甜",它犹如站在巨人的肩膀上,前人留下的人生经验和智慧结晶供你享用。在生命有限的时间里,读书给了我更深层次认知自己和世界的机会,它就像是一座灯塔,照亮我前行。

当下的人工作繁忙,应酬多,压力大,大家扪心自问,自己挤出一定的时间读书没有?一周花两小时时间认真读书没有?真正喜欢上读书,实际就是在改变你自己。培根说:

> 读史使人明智,读诗使人聪慧,数学使人精密,哲理使人深刻,伦理学使人庄重,逻辑修辞使人善辩。总之,凡有所学,皆成性格。

要想成就真正的自己,亲爱的朋友们,让我们一起读书吧。

魏晋风度之小论

2018.1.26

　　我恍然从自己的魏晋梦里惊醒，遂提笔写下这篇《魏晋风度之小论》，遥寄那个一去不回的年代，以及一缕勇毅地终生追求自由解脱的精魂。

　　街角处，被月光拉长的身影形貌枯悴，衣衫正单，却散发出比夜更凛冽的寒气。入夜，洛阳城开始下雪。

　　一个天下多事的年代就此拉开了序幕。野心勃勃的司马氏用礼教的外衣遮盖了双手沾满的曹氏宗族的鲜血，接着一柄招安的大旗一挥，把一群曹家的旧臣归于麾下。旧臣们白天为朝廷办事，私下不免清议一阵，以示自己"外不殊俗，而内不失正，与一世同其波流，而悔吝不生"的"达人"形象。

无奈以出世的心态做入世的事情,本身就是一种表里不一的虚伪。更何况一旦食了亵渎礼教的统治者的俸禄,尽管目的是出世,也已经涉及了入世的行为,失去了被称作出世的资格。所谓置身事外,无非是自欺欺人的幌子;所谓达人,不过是几个"裤中之虱"罢了。一双醉眼观望的是真正的士人,在心中兀自冷笑。

这是一群天生的贵族。他们及他们的前人,禀赋天成,才华盖世,上问天地,下求民心,把泱泱中华的思想精髓尽收囊中,草草几笔,就为文学史留下宝贵遗产。再则"居天下之广居,立天下之正位,行天下之大道",为世人建立了一套崇高的道德秩序,也为自己构筑起一个完美的精神家园。

他们是如此与众不同:嫌官袍裹身太紧,堆案公文太繁,不愿与俗人共事,懒得向上级低头;在母亲去世时豪赌,在小酒馆一头倒在老板娘身旁。他们游走于尘世之外,被"礼法之士"疾之若仇,只因为他们任情,他们率性,他们对于那个太假的世界来说,太真。然而谁能读懂,他们的醉原是笑,笑原是哭,哭原是灵魂深处的呐喊。太久的压抑早已把他们折磨得面目全非，内心所有对平静生活、对宏大远方的渴求，终于在行路不通时的一场大哭中，发出痛彻心扉的声音。

没有人能轻易走近他们，那股彻骨的清寒足以让所有慕名而来的人后退三尺。一腔热血只相酬，人群中一望即知同样高傲的灵魂。那种默契，是阮籍与苏门山隐者遥相呼应的清韵响亮的长啸，是打铁的嵇康与拉风箱的向秀，是最终为吕安丧了性命的嵇康，是向秀为纪念他们闻笛而作的哀婉深切的《思旧赋》。他们不孤独，天地万物都与他们融为一体，和竹同居固然风雅，与猪畅饮也未尝不是一种大快乐。

"从来天下士，只在布衣中。""一笑无秦帝，飘然向海东"的鲁连台不知契合了天下多少士人的梦想。佯狂不仕的目的，是要追求独立的人格与意志，获得做人的自由。最大的愿望，是探寻"当已经放弃了要驾驭外界事件的努力时，如何保持精神的纯内心的正直和平衡"。他们不谈礼教，甚而做出颠覆礼教的举动，以示抗争，实际上正是他们在心中维护着真正的礼教。他们鄙夷那些矫揉造作的伪君子，想要在泥沼中坚持内外兼一的品质，想要无愧于内心澄明的准则,因而注定为此付出代价。他们其实深知自己的脆弱和对手的强大,然而生就一副不屈的骨骼,他们无从逃避,或者说不屑于逃避这悲剧的命运。

至今仍记得嵇康的《与山巨源绝交书》中的一句"处朝廷而不出,入山林而不返",既然选择了这条道路,便只顾孑然前行。无从知晓嵇康心中历经了多少挣扎,却能看到他在执笔时决然的表情。多年的挚友,一旦成为心灵上的陌路人,只有从此挥泪相别,天各一方。他无法放弃那些支撑生命的追求和理想,因为如果失去了它们,他将只剩下一具躯壳,空睁着无神的眼睛。如果妥协,那么所谓生命也就失去了存在的意义,更不必说什么虚名浮利,人情逢迎。我想中散大夫临刑的那一刻,嘴角浮现的一定是为这一生的坚持而骄傲的微笑吧。

嵇康被杀,一曲《广陵散》成为名士的绝唱,随后阮籍写下劝进表,向秀投靠了司马昭。一张张锐气的脸庞终于在《晋书》的结尾渐渐模糊。

读《桃花扇》偶得

2018.2.23

康熙三十八年(1699),孔尚任倾注十余年心血、三易其稿的《桃花扇》终于创作完成了。康熙四十七年(1708)刊成初版,一时洛阳纸贵。第二年正月,戏剧《桃花扇》由金斗班在北京首演,轰动一时,以后几乎岁无虚日,盛演不衰,故老遗臣,"掩袂独坐","灯炧酒阑,唏嘘而散"。时人将孔尚任与《长生殿》作者洪昇并论,称"南洪北孔"。

《桃花扇》,凡四十四出,以明崇祯十六年到南明福王二年(1643—1645)这段历史为背景,以侯方域与秦淮名妓李香君的爱情故事为线索,把当时错综复杂的社会矛盾,层次井然、有条不紊地表现了出来,比较真实地反映了南明弘光王朝的腐败情况,抒写了明末亡国之痛。所谓"桃花扇底送南朝"就是从这个意义上来说的。剧中李香君坚拒田仰夺婚,倒地撞头,血溅扇面,杨文骢就血点画成桃花一枝,故名《桃花扇》。

《桃花扇》自问世以来,一直颇受赞誉。梁启超《小说丛话》对之评价最高:

> 但以结构之精严,文藻之壮丽,寄托之遥深论之,窃谓孔云亭《桃花扇》冠绝千古矣!

清代诗人张问陶还曾为该剧赋绝句十首,其中两首曰:

> 竟指秦淮作战场,
> 美人扇上写兴亡。
> 两朝应举侯公子,
> 忍对桃花说李香。

> 一声檀板当悲歌,
>
> 笔墨工于阅历多。
>
> 几点桃花儿女泪,
>
> 洒来红遍旧山河。

前一首概括剧本的故事内容,后一首点明剧本的思想内涵,可谓精当矣。

《桃花扇》的艺术魅力,在于它并不只是单纯地讲述了一个才子佳人的爱情故事,而是将这个故事置于明朝末年这个风雨飘摇的背景之下,演绎出了一段可歌可泣的传奇。读来满眼是国家的兴亡,满眼是历史的烟云,满眼是人世的沧桑。由此,称《桃花扇》为爱情剧,不如称历史剧更为妥当些。

《桃花扇》的艺术魅力,在于它凄美绝艳的文学语言。写春色,有"踏青归去春犹残,明日重来花满床";写英雄,有"家散万金酬士死,身留一剑报君恩";写守候,有"一点芳心采不去,朝朝楼上望夫君";写分离,有"沧海迷家龙寂寞,风尘失伴凤彷徨"。剧中的人物,有阴险毒辣的阮大铖、马士英,也有精忠报国的左良玉、史可法、黄得功；有复社名士侯方域、陈贞慧、吴应箕，也有秦淮名妓李贞丽、李香君；还有两位颇具传奇色彩的艺人——教曲的苏昆生和说书的柳敬亭。一个个人物在孔尚任的描摹下，性格丰满，真实可触。

《桃花扇》突出的艺术成就使其足以被称为中国古代戏剧的最后一部杰作，它在许多方面都具有创造性。毛主席早就说过，《桃花扇》不是爱情剧，而是政治剧。《桃花扇》说到底是一个爱情喜剧与政治悲剧的结合体。爱情喜剧的结果是偶然的，因为所谓侯李相会只不过是一个可能的结局，而政治悲剧的结果是必然的。李香君个人遭遇的不幸，是那个天翻地覆、江山易主的时代的悲剧。侯、李最后不可能有大团圆的美满结局，而只能选择忘却儿女私情，双双入道，这就使得他们的风流韵事带上了浓厚的家国兴亡的色彩。他们的恩怨情仇交织成明末一幅浓重的历史画卷，令人击节，任人评说。

且用剧末一诗作为全文的结尾：

读《桃花扇》偶得

渔樵同话旧繁华,
短梦寥寥记不差。
曾恨红笺衔燕子,
偏怜素扇染桃花。
笙歌西第留何客,
烟雨南朝换几家。
传得伤心临去语,
每年寒食哭天涯。

读《长生殿》偶得

2018.3.9

《长生殿》和《桃花扇》被誉为清初剧坛的双璧,洪昇和孔尚任也以"南洪北孔"而闻名大江南北。洪昇的《长生殿》完成于清康熙二十七年(1688),比《桃花扇》早了11年。《柳南随笔》载:

> 康熙丁卯、戊辰间,京师梨园子弟以内聚班为第一。时钱塘洪太学昉思昇著《长生殿》传奇初成,授内聚班演之。圣祖览之称善,赐优人白金二十两,且向诸亲王称之。于是诸亲王及阁部大臣,凡有宴会,必演此剧,而缠头之赏,其数悉如御赐,先后所获殆不赀。

《不下带编》曾有言：

> 今勾栏部以《桃花扇》与《长生殿》并行，罕有不习洪、孔两家之传奇者，三十余年矣。

《长生殿》在坊间之流行可见一斑。

《长生殿》共五十出，描写的是唐代以来脍炙人口的唐明皇与杨贵妃的爱情故事。前半部展现了李隆基与杨贵妃情定长生殿、安史之乱、马嵬驿兵变等历史事件，为历史剧的规模，为后来的《桃花扇》开拓了一条新路。安史之乱后，李隆基与杨贵妃的深宫爱情为民间所津津乐道，也成为文人墨客文学创作的对象。白居易的《长恨歌》、陈鸿的《长恨歌传》、白朴的《梧桐雨》、王伯成的《天宝遗事诸宫调》，虽表现的主题有异，但都为《长生殿》的创作提供了丰富的素材。

《长生殿》既是一部爱情悲剧，也是一部历史剧。剧本以唐明皇与杨贵妃的爱情、安史之乱的政治事件为线索，双线相互映衬，把唐明皇杨贵妃的浪漫爱情置于安史之乱的重大历史事件和广阔的社会背景下来描写,使故事既呈现出浪漫爱情的感伤特征,又兼有教化劝谕的政治功能。

在《长生殿》中,唐明皇对杨贵妃的爱情是真挚的。"七月七日长生殿,夜半无人私语时",唐都长安城郊的皇家园林长生殿是唐玄宗与杨贵妃七夕盟誓世世代代结为夫妻之地。经过诸多文学作品的渲染,长生殿早已成为流传千古的中国古典浪漫爱情圣地。安史之乱爆发,唐明皇被逼缢死杨贵妃。马嵬驿事变使《长生殿》的爱情主题得到升华,在失去爱人的不幸之后,真挚的不可抑制的爱情,愈益强烈地显出了自己的力量。叛乱平息后,唐明皇日夜思念杨贵妃,他对贵妃深深的悼念,成为后半部《长生殿》的主要内容。后来,道士杨通幽运用法术架起一座仙桥,让唐明皇飞升到月宫,与杨贵妃相会,实现了他们在长生殿上立下的"生生死死共为夫妻"的盟誓。

《长生殿》又是一部历史剧,场面宏大,人物众多,情节曲折。剧本在描写唐明皇与杨贵妃生死不渝的爱情的同时,又用了相当大的篇幅来写安史之乱等历史事件,反映唐代开元、天宝时期的社会历史生活,反映了一个时代的历史悲剧,流露了强烈的国破家亡之恨,尤其是对郭子仪和雷海青两个历史人物的刻画,体现了崇高的民族气节和爱国忠君思想。

作为一部文学作品,《长生殿》剧本曲词优美,清丽流畅,刻画细致,抒情色彩浓郁,结构奇巧。剧中多数用南曲,但不少出也用北曲,雄壮清丽兼美。《长生殿》写成后,被各大剧班争相上演,其中片段被各种戏剧剧种改编,梅兰芳的京剧《贵妃醉酒》就是改编自《长生殿》。清梁廷枏《曲话》称:

  钱唐洪昉思异撰《长生殿》,为千百年来曲中巨擘。以绝好题目,作绝大文章,学人、才人,一齐俯首。

读《牡丹亭》偶得

2018.5.25

《牡丹亭》又名《还魂记》或《还魂梦》，作者汤显祖与英国的戏剧大师莎士比亚是同时代人。《牡丹亭》四百余年盛演不衰，是中国戏曲史上的浪漫主义杰作，标志着明代传奇发展的最高峰。高度的思想性和艺术性，使其成为中国戏剧文学发展史上的一个重要的里程碑。

在这部传奇作品中，汤显祖描绘了杜丽娘与柳梦梅之间感人至深的生死爱情，这种至情至性的爱情演绎有力地抨击了封建礼教和伪道学，代表着汤显祖对人生与爱情的哲学思考与世情体验。杜丽娘长到十六岁，她的青春突然觉醒了。她走到自家花园中，欣赏了一番美景。"原来姹紫嫣红开遍，似这般都付与断井颓垣。良辰美景奈何天,便赏心乐事谁家院!"一种缭乱愁绪让她渐渐入梦,梦中与书生柳梦梅遇合。梦醒后,杜丽娘竟然忧伤成疾,在一病不起的时候,她为自己画了一幅画像,并嘱咐丫鬟春香要将之安置在花园中。她死后,柳梦梅拾到了她的画像。后在柳梦梅等人的帮助下,杜丽娘还魂,他们终于成了现实中的夫妻。《牡丹亭》通过离奇的情节和巧妙的组合,亦真亦幻,亦庄亦谐,创造了一个光彩耀人的艺术形象——杜丽娘。

汤显祖在《牡丹亭》题记中说:

情不知所起,一往而深。生者可以死,死可以生。生而不可与死,死而不可复生者,皆非情之至也。

余秋雨先生曾经对《牡丹亭》里的这段情做出一个很高的评价:

《牡丹亭》的情不是一种手段,而是目的,因为它是至情,为了至情这样一个根本的终极目标,中间所有的荒诞、所有今天解释不清的情节都可以忽略,而去相信至情至性。这也是昆曲对今天的一种价值。

深情,有时候就是这样一种生命的驱动力,可能会让一个人打破很多的凡俗束缚,不顾一切地追寻自由。《牡丹亭》把男女的爱情同个性解放联系起来,在描写杜丽娘为争取理想爱情所做的不懈斗争时,也深刻揭露了封建礼教对人们的思想束缚,十分真实地反映了明代中叶资本主义萌芽产生后市民阶层要求冲破封建专制的时代特征。

21世纪初,白先勇先生集合文化精英共同打造了青春版《牡丹亭》,一时间给昆曲注入了青春的生命,引发了青年学生争看昆曲的热潮,有论者称此为"青春版《牡丹亭》的文化现象"。清朱彝尊《静志居诗话》曰:

> 义仍填词,妙绝一时。……其《牡丹亭》曲本,尤极情挚。人或劝之讲学,笑答曰:"诸公所讲者性,仆所言

者情也。"

义仍即汤显祖,清新典雅的声腔风格,至情至性的浪漫爱情,妙绝一时的艺术语言,是汤显祖戏剧创作的灵魂,也使得《牡丹亭》深深感动了一代又一代的中华儿女,深深感动了遍布全球的观众知音。

读《西厢记》偶得

2018.6.1

《西厢记》的故事最早见于唐人元稹的传奇小说《莺莺传》。《传》中的张生是一个文过饰非的无行文人,他骗取了莺莺的爱情却又抛弃了她而另娶高门,并称莺莺是"不妖其身,必妖于人"的尤物。此后,又出现了宋赵令畤的《商调蝶恋花》鼓子词和金代董解元的《西厢记诸宫调》。直到经过王实甫的天才创造,《西厢记》才成为脍炙人口的杰作,其影响之巨大、深远,在戏曲史上找不到第二部。

《西厢记》全名《崔莺莺待月西厢记》,又称《北西厢》,书中的男女主人公是张君瑞和崔莺莺。故事主要讲述的是:张生在普救寺相遇相国小姐崔莺莺,一见钟情,而无计亲近。

恰遇叛将孙飞虎率兵围寺，要强索莺莺为压寨夫人。张生在崔母亲口许婚下，依靠友人白马将军的帮助，解除了危难。不料崔母却食言赖婚，张生相思成疾。在红娘的帮助下，莺莺终于至张生处私会。崔母拷问红娘，反被红娘几句话点中要害，勉强答应了婚事，却令张生上京应试。张生到京考中状元，而郑恒借机编造谎言，说张生已在京另娶，老夫人又一次赖婚，要莺莺嫁与郑恒。后张生赶来，郑恒撞死，崔张完婚。

在中国文学发展史上，就作品而论，有两座高峰，这就是王实甫的《西厢记》和曹雪芹的《红楼梦》，赵景深先生在《明刊本西厢记研究·序》中称之为"中国古典文艺中的双璧"。《红楼梦》里宝黛共读《西厢记》，就是其中最动人的情节之一。《红楼梦》还曾引用《西厢记》所言"若共他多情小姐同鸳帐，怎舍得他叠被铺床"，"小子多愁多病身，怎当他倾国倾城貌"，可见《西厢记》对《红楼梦》及后世文学的影响深远。

《西厢记》之所以能获得人们的喜爱，关键在于它提出了"愿普天下有情人终成眷属"的理想，表达了人们的心声，颂扬了莺莺与张生的爱情，反映了封建社会中青年男女要求婚姻自主、冲破封建礼教约束的人文主义思想。《西厢记》中以老夫人为代表的封建卫道者同以崔莺莺、张生、红娘为代表的礼教叛逆者之间的冲突，表现了这样的主题思想："永老无别离，万古常完聚，愿普天下有情的都成了眷属。"婚姻缔结的基础应当是男女之间真挚的爱情，而不在于门第的高低、财产的多寡、权势的大小、容貌的丑俊、才情的敏拙。所以，毛西河把"有情的"三个字看作是概括《西厢记》全书的"眼目"。《西厢记》所表达的这种愿望，被写进了西湖月老祠的对联：

愿天下有情人都成了眷属，
是前生注定事莫错过姻缘。

可见，它所表达的不是某一时期、某一阶层的呼声，而是世世代代人的理想和愿望。

在艺术上，《西厢记》几乎是完美无缺的：文辞之华丽、故事之曲折、情节之跌宕、文笔之细腻、人物之传神,都堪称绝唱。它的出神入化的心理刻画,它的峰回路转的结构安排,在中国的爱情戏剧中,除《西厢记》外,是找不到第二部的。别人说只有复杂的目光才能看懂复杂的东西,但是"心"却不一样,只有最纯真的心才能读懂最伟大的爱,我读《西厢记》就是这样的感受。

人生不读《西厢记》,半世读书也枉然。

读《西游记》偶得

2018.6.8

"敢问路在何方,路在脚下……"1987年版电视剧《西游记》,蒋大为的一首《敢问路在何方》家喻户晓,传唱大江南北。如今,戴荃的一首《悟空》也是火遍大街小巷:"我要这铁棒醉舞魔,我有这变化乱迷浊,踏碎灵霄,放肆桀骜,世恶道险,终究难逃。"塑造孙悟空这一英雄形象的,就是我国古典四大名著之一——《西游记》。

《西游记》成书于16世纪70年代,即我国明代中叶。它是一部杰出的神魔小说,所描写的神话传说充满浪漫主义的幻想色彩,老少皆宜,至今令人津津乐道。同时,它也深刻地反映了当时的社会现实,标志着中国古代小说艺术的光辉成就,成为中国人民和世界人民所熟悉和喜爱的古典文学作品。

《茗楚斋随笔》推"《西游记》为小说中最荒诞者",并据康熙年间的《淮安府志》考证,作者为明长兴县丞吴承恩。再读《西游记》,笔者对其创作背景又有了进一步的认识:唐僧取经本是一个真实的历史事件,唐太宗李世民贞观年间(627—649),高僧三藏法师陈玄奘为了弄清佛经教义,决心到天竺(印度)取经,他经历了许多艰难困苦,前后花了十七年时间,西行五万里,终于取得六百多部梵文佛经回到长安。回国以后,他奉旨主持佛经的翻译工作,并口述西行见闻,由他的门徒辩机写成了《大唐西域记》。后来他的门徒慧立、彦悰又写了《大唐大慈恩寺三藏法师传》,为玄奘的经历增添了许多神话色彩,从此,唐僧取经的故事便开始在中国民间广为流传。宋、元至明初几百年间,关于取经故事的民间口头传说以及话本小说和杂剧,使西游取经故事得到不断发展,最终产生了吴承恩的《西游记》。《西游记》故事情节精彩绝伦,讲述了孙悟空、猪八戒、沙僧扶保大唐高僧玄奘去西天取经,师徒四人一路抢滩涉险、降妖伏魔,历经八十一难,取回真经,终修正果的故事。故事虽脱胎于佛教取经的历史,也反映了当时封建社会的统治现状,但它在主体上体现了中国人克服困难、勇敢前进的精神,以及摧毁一切邪恶势力以及征服大自然的愿望和信心。

吴承恩在《西游记》中发挥了无穷的想象,从传统文化中汲取了充分的营养,创造了一个充满奇思异想、神奇瑰丽的魔幻世界。吴承恩在《西游记》中融会了儒、释、道三教关于天界的各说,创造了一个规范有序的天界。如今,我们关于天界的认识,大多来自《西游记》。在《西游记》中,西天的等级层次分明,最高的主宰是释迦如来;第二层次是一众菩萨,如观音、普贤、文殊、地藏等;第三层次是众多的尊者与罗汉。以玉皇为主宰的东土天界,基本上是以道教的秩序为主,但儒教的色彩也非常浓厚。整个天庭的形制、氛围依照人间的皇宫而设,可以清晰地看出吴承恩用儒家精神对《西游记》取经故事做了系统的改造。

《西游记》塑造了一群个性突出、生动形象的人物。唐僧胆小懦弱，肉眼凡胎，不识妖魔鬼怪；孙悟空正直无畏，英气勃勃，火眼金睛，专扫妖魔鬼怪；猪八戒贪吃好色，愚笨痴呆，善恶不明；沙和尚老实木讷，不善言辞，吃苦耐劳；白骨精阴险狡诈，变化多端；红孩儿灵活善变，难以降服；如来佛祖神通广大，佛法无边；观世音菩萨大慈大悲，普度众生；即便是一群妖魔鬼怪，也是面貌各异，富有个性。细细品味《西游记》行文，不难发现：外貌服饰描写、个性化语言描写、极富特色的心理描写是吴承恩塑造人物形象的三大法宝。

自《西游记》之后，明代出现了写作神魔小说的高潮，不但有续作、仿作，后世的小说、戏曲、宝卷、民俗也都受到深刻影响。尤其是孙悟空这一驱妖除魔、毫不畏惧的形象，早已深入人心，妇孺皆知，更担当起国际文化交流的使者，征服了全世界读者的心。

读《三国演义》偶得

2018.9.21

　　滚滚长江东逝水,浪花淘尽英雄。是非成败转头空。青山依旧在,几度夕阳红。

　　白发渔樵江渚上,惯看秋月春风。一壶浊酒喜相逢。古今多少事,都付笑谈中。

　　都说中国语言文化博大精深,在数千年的历史传承中积累了许多璀璨的精华,《三国演义》中这首气势磅礴的篇首词充分体现了这一点。

　　《三国演义》是历史演义小说的开山之作,也是第一部文人长篇小说。小说以东汉末年为背景,大致以黄巾起义、董卓之乱、群雄逐鹿、三国鼎立、三国归晋五个部分,讲述了从镇压黄巾起义中起家的曹操、刘备和孙坚三个地方政权之间的长期争战,最终,司马炎一统三国,建立晋朝。作者罗贯中将兵法三十六计融于字里行间,既有情节,也有兵法韬略。

《三国演义》也是中国章回体小说的起源,与之前的小说类文学作品相比,已经具有明显的分章叙事特征,章回故事独立,段落整齐,但又前后勾连、首尾相接,将全书构成统一的整体。体现在语言上,除了标题对偶的形式外,最大的特色就是多引诗词曲赋来做场景描写或人物评赞。

例如赞刘备:

> 运筹决算有神功,
> 二虎还须逊一龙。
> 初出便能垂伟绩,
> 自应分鼎在孤穷。

又如赞关羽张飞:

> 英雄露颖在今朝,
> 一试矛兮一试刀。
> 初出便将威力展,
> 三分好把姓名标。

又如赞诸葛亮：

> 庐中先生独幽雅,
> 闲来亲自勤耕稼。
> 专待春雷惊梦回,
> 一声长啸安天下。

又如叹曹操：

> 威倾三国著英豪,
> 一宅分居义气高。
> 奸相枉将虚礼待,
> 岂知关羽不降曹。

由于"拥刘反曹"的思想倾向,罗贯中毫不吝惜笔墨地赞颂刘备、诸葛亮、关羽、张飞等人物,诸如上述褒扬的诗句,在书中不止一次地出现。无怪乎鲁迅在《中国小说史略》中评价道:

> 至于写人,亦颇有失,以致欲显刘备之长厚而似伪,状诸葛之多智而近妖;惟于关羽,特多好语,义勇之概,时时如见矣。

《三国演义》记载了许多著名的战役。比如官渡之战、彝陵之战、赤壁之战等。其中最令人印象深刻的当属赤壁之战。孙刘联军通过反间计、连环计、苦肉计,诸葛亮通过草船借箭、借东风,大破曹军。杜甫《赤壁》曾云:

> 折戟沉沙铁未销,
> 自将磨洗认前朝。
> 东风不与周郎便,
> 铜雀春深锁二乔。

传统认为《三国演义》"多取材于陈寿、习凿齿之书,不尽子虚乌有也",其中的战术战略甚至成为后代研习的读本。崇德四年(1639),清廷命大学士达海译《孟子》《通鉴》《六韬》,兼及《三国演义》,直至顺治七年(1650)方告完成。"国初,满洲武将不识汉文者,类多得力于此。"嘉庆年间,忠毅公额勒登保任海兰察侍卫,海兰察认为其将才可造,须略识古兵法,遂"以清文《三国演义》授之,由是晓畅战事"。

清朝刘廷玑《在园杂志》评《三国演义》曰:

> 本有其事,而添设敷演,非无中生有者比也。蜀、吴、魏三分鼎足,依年次序,虽不能体《春秋》正统之义,亦不肯效陈寿之徇私偏侧。中间叙述曲折,不乖正史,但桃园结义,战阵回合,不脱稗官窠臼。杭永年一仿圣叹笔意批之,似属效颦,然亦有开生面处。较之《西游》,实处多于虚处。

此语在当时的评价中算是较为中肯者。

事业篇

金融之小论

2019.10.4

金融,作为一个词,《现代汉语词典》的解释是:"货币的发行、流通和回笼,贷款的发放和收回,存款的存入和提取,汇兑的往来以及证券交易等经济活动。"著名经济学家陈志武教授对金融有一个定义:"金融的核心是跨时间、跨空间的价值交换,所有涉及价值或者收入在不同时间、不同空间之间进行配置的交易都是金融交易。"可见,现代社会,金融的概念早已超越了货币和信用的范畴,而将外延扩大至多种具有价值、可供交易的资源。金融是一种交易活动,金融的本质是价值流通。

交易必然有媒介。货币经济逐渐取代了原始的易货经济,覆盖了金本位经济。货币解决了价值跨时间储存、跨空间移置的问题,你今天从银行手里借到一万元,先用上,即所谓的"透支未来",以后你再把本钱加利息还给银行。

金融已经成为整个经济的"血脉",渗透到社会的方方面面。但是,货币经济在给人类带来空前经济自由的同时,也给人类带来诸多麻烦和问题。

金融的破坏性源自金融资本的贪婪、金融杠杆的放大、金融资金的空转以及金融产品的过度创新。金融服务实体经济的属性被遗忘,安全性、流动性、收益性的顺序被颠倒。金融机构开立的高门槛也许是原因之一。嫌贫爱富、锦上添花、重大弃小、重工重商弃农、抓国弃民,"二八"定律被奉为真理……乱象丛生。

本固则稳,水活则兴。当前,中国经济处在深化供给侧结构性改革和推动高质量发展的关键时期,实体经济的发展,迫切需要金融提供更多的源头活水。中国金融体系身在其中,也产生了脱胎换骨的演进,从理论和实务上都催生了新金融的廓影,新时代呼唤新金融,各家大型银行都在围绕金融创新、理念创新,思考如何更好地办好开放银行,服务和赋能新时代。

我在银行从业37年,通过考察、学习、思考,以己之见,当前中国的金融问题即开放金融的理论和实践落地,要有"冷思考"。

一是不要把开放银行当噱头,要充分认识到实施的难度和复杂性。现有的所谓开放银行的理论论述和实践结果其实有名无实,仍是传统模式的延续和翻版,仅仅迎合了内外部宣传、完成工作任务等需要,而脱离了本行实际,对业务发展的有效性仍待验证。如2019年4月,英国竞争和市场管理局(CMA)对2017年以来参与开放银行计划的九大银行中的五家银行发出警告,指出它们未能如期完成移动平台的实施目标。这被业界视为一种点名羞辱,前车之鉴,后事之师。

二是"工欲善其事,必先利其器",需要内部建立合适的机制和体制。正如改革开放是对内改革,对外开放,开放之前需要内部革新。传统银行的转型是痛苦的,新的理念方法在既有体系内可能会遇到障碍。正如飞信与短信、理财与存款首先是内部条线部门利益、诉求的博弈,新事物最终败于固有的规则,突围者却是外部的微信和余额宝。实际上,开放平台等开放银行思路多年前就在国内大型银行中被实践过,但由于不同主体间的激励、约束机制并不明晰,程序接口开发维护、内外部风险控制等未能有效展开,最终无疾而终。

我所理解的新金融就是侧重于高质量发展背景下以增进民生福祉、推动消费升级,从而夯实经济持续增长基础为己任的金融服务。新金融必然以建立在新技术应用基础上的新功能为鲜明特征,国际上逐步普遍认可了金融稳定理事会(FSB)关于金融科技的定义,即"通过技术手段推动金融创新,形成对金融市场、机构及金融服务产生重大影响的业务模式、技术应用以及流程和产品"。其中,"技术手段"包括人工智能、区块链、云计算、大数据、移动互联网、物联网及其他新兴技术。

科技有解决问题的能力,而银行作为资源整合者,整理数据的能力比其他任何一个行业都要强。金融机构陷入反思之中,反思有被迫的,有迎合跟风的,更有主动求变的先觉者、先行者。我欣喜地看到并在实践中体会到，两年前，建设银行田国立董事长率先提出"温柔的手术刀"理论，得到各界的高度肯定和广泛认同。金融承担着社会治理中最重要的资源配置功能，是诸多社会难点与痛点问题的直接面对者。做得不好，便显冷酷；做得到位，便显温柔。

新金融理论和行动由此而起。金融机构要主动用好金融这把"温柔的手术刀"去破解经济社会的痛点，尤其是长期被"冷落"的"三农"、小微等金融服务问题。这些变化驱动了金融机构的功能完善与配置、商业模式创新、产品结构和市场取向划分、客户演化和结构演替，也在重塑完全新型的金融生态，这就是"新金融"。

新金融与西方金融都是构建在现代金融运行体系之上的，包括基础架构、交易规则、系统技术、制度标准等基础设施基本是共同的，前者区别于后者，主要在于初心和使命。新时代的新金融，是以人民为中心，为的是实现人的最终解放和自由全面发展，其特质性表现令人耳目一新。

一是普惠金融的发展。普惠金融的本质主要体现在对中小企业、中产大众和弱势群体金融服务的满足，尤其是改变农村、农业、农民犹隔浓雾、可望而不可即的现实问题。

二是价值观的调整。新金融一改传统金融体系下经营货币的特殊角色和法定利率的优势空间所养成的"居高临下"的市场地位，转向与民生共进、与大众共享，以服务换取收益，不与民争利，不与企业争利。

三是金融资源的共享。只有在开放共享中才能获得新的边际效用和价值发现。金融资源不仅仅是资本，更重要的还在于人才。全国金融业有800万从业人员，这笔巨大的资源属于全社会，更多的金融从业者在新经济的服务方式下与社会各领域深度合作，将在推动社会的整体进步和具体行业的发展中释放出巨大的能量。

四是金融科技的运用。现代科技的运用和数据采集分析能力的提升，消除了资源壁垒，打造了数字化生产要素跨界流动和共享平台，使社会各界在共享中实现共赢，让每一个社会成员都能分享到金融资源，获取到金融服务。

五是服务模式的创新。打造"金融+科技+产业+N"综合孵化生态，为客户提供全生命周期的金融支持和信贷、支付、汇兑、风险、理财等立体化金融服务。

综上，这是笔者学习、理解并践行的新金融理念，它摆脱规模冲动，追求卓越服务，紧扣社会脉搏，担当社会责任，纾解社会痛点，分享社会价值，这些都是新金融的题中之义，更是新金融理念的重塑，也是能力的重建。内在逻辑使金融真正成为实现人民对美好生活向往的基础设施和服务功能，使金融及相关生产要素跨界流动，消除壁垒，应享尽享。

金融之术，博大幽深；银行之业，云谲波诡。金融乃国之重器，"路漫漫其修远兮，吾将上下而求索"。

授信之小论

2019.10.11

《周礼·天官·小宰》:"听称责,以傅别。"后汉郑玄称"责,谓贷予也。傅别,谓券书也",可以说这是对"授信"一说最早的注解了。从生产关系发展的历史长河来看,"授信"从朴素的商业信用逐渐延伸到专业的银行信用;从现代语言角度来看,"授信"既可以是动词也可以是名词,"授"是"授予",信是"信用"。笔者从事商业银行工作37年,历经前、中、后台授信经营和授信审批,深感从事授信工作需要理性、审慎、前瞻的态度和博广的胸怀。

授信是银行对宏观大势的把握。"明者因时而变,知者随事而制。"任何一家银行,无论战略取舍、风险偏好、市场态度如何，都必须要把握事物的必然联系及商业银行的规律。授信业务无论是对客户和项目的选择取舍，还是风险计量、风险排序、风险安排（授信审批），都必须坚持底线思维和合规经营意识，体现国家意志、监管政策倾向和法人治理意图，才能将授信业务对象的安全、效益因子植入到信贷业务的单元之中。唯有此，才能引领银行行稳致远。新时代，做好银行经营和授信工作，要始终立足于实体经济，否则就是无源之水、无本之木。要顺应金融供给侧改革要求，与实体经济在共生共荣中实现自身战略愿景。

授信是银行对客户风险的态度。马克思肯定英国经济学家托马斯·图克关于信用是"一种适当的或不适当的信任"的论述，认为授信是发生信用关系双方当事人的一种良好愿望或预期，但这种预期具有风险性。商业银行为了控制风险和经营风险，通过对授信客户所处环境和自身经营、财务状况开展分析研判，既关注客户的资产、负债、净资产、收入，还看流动比、速动比、应收账款周转率等指标，以收益、成本和资源的平衡，即风险调整后收益率（RAROC）等，将眼前不确定因素综合权衡后转化为预测未来风险和控制风险的授信方案,最终给出"同意"或"否决"的授信意见,表达对客户风险判断和接受风险的态度。

作为一个专业、专注的职业审批人,"工欲善其事,必先利其器"。在现实工作场景中,要有统一的技术标准,彰显风险偏好,践行战略取舍;更要对如何建立完善授信体制和机制进行不断的探索。唯有此,才能在授信过程中通过观察和控制违约概率(客户不能全额偿还贷款的可能性即违约概率)来看企业的"过去";通过企业的"三表"(资产负债表、利润表、现金流量表)、项目的效益指标(投资利润率、销售利润率、财务内部收益率等)分析企业的"现在"。但对于如何把握企业的"未来",则需要加强学习研究。因为授信审批从本质上不能对技术动态演化的经济活动做出精确的预测,经济现象本身就是不可预测的,何谈准确与否。所以必须以开放、博广的胸怀和底气,主动拥抱新技术、新趋势。不仅要掌握国家的经济政策和金融法规方面的变化、国际汇率的变动,还要学习大数据、人工智能、物联网、云计算、区块链等金融科技的新知识,提升授信评价能力。

近五年来,对于新兴"独角兽"公司如何开展授信评价,笔者归纳总结了"六要素法",得到了同业的认同和借鉴。这"六要素"具体是:一看商业模式,二看成长性,三看市场地位和行业引领度,四看创新创业团队平均年龄,五看核心竞争力(产品生命周期等),六看客户与上下游粘连的深度和广度。

授信体现了银行的社会责任。金融是国之重器。国有大型银行作为国家在金融领域的重要支柱和依靠力量,主动融入大局,服务国家战略,是其天然使命和神圣职责,必须在时代大潮中更多地承担对实体经济的服务和国家战略的担当,以及在双创、扶贫等薄弱领域的授信责任,既要锦上添花,又要雪中送炭,做企业的全生命周期伙伴,在开展授信过程中对受信人履行承诺,在坚守初心中自我革命,在践行使命中自我升华。

授信体现银行的风控水平。"察势者智,驭势者赢",商业银行的经营管理水平取决于风险管控能力,应以风险管控能力为边界。风险管控能力高,授信业务就可以全面做别人不敢做的事,哪个领域高,就做哪个领域别人不敢做的事。"求木之长者,必固其根本",风险管控能力需要有机制、科技、模型、评估指引、审批标准等丰富的风险管理工具箱提供强大的支撑,通过风险管理工具计量风险、排序风险、取舍风险、管控风险,实现风险与收益的平衡。授信工作,最难的不是"同意"或"否决",关键是要建立起授信后评价机制,对授信审批业务进行"反思复盘"。通过对审批否决的客户进行持续跟踪评价,分析审批环节客户或项目申报授信时审批决策意见、预判与实际运行情况之间的差异,以及出现差异的原因,提升授信审批决策能力和风险管控水平,更好地把握商机,促进业务发展。

一名合格的授信专业者,除了要内生地固守"未雨绸缪""凡事预则立,不预则废"等核心要义外,还需要具备以下基本素质。一是底线意识。任何业务都绝不能放弃底线。政策明确要求不能做的,监管机构明确要求不能做的,这都是底线。决不能"别人杀人,我们也放火"。二是专业能力。具备专业的技术和技能,从技术的角度,对同样的问题,比一般人员看得更专业、更深刻,分析判断更准确、更到位。三是职业智慧。要具备发现问题、分析问题和解决问题的能力,掌握授信"艺术",在授信业务处理过程中,要有智慧、有能力拿出解决问题的方案和方式,在坚守底线的前提下,把握好风险与收益的平衡。四是大局观,就是要具备宏观意识、全局意识和整体意识。当下,国家要求金融机构积极支持民营经济的发展,考量授信工作者,同样的客户项目在各核心要素相当的情况下,做到了首先支持民营经济,就体现了责任和担当,就有了全局的胸怀。

银行风险之小论

2018.6.15

风险是损失的不确定性,是一种实际结果偏离预期结果的概率,银行的风险是指银行在经营活动过程中,由于不确定性因素的影响,实际收益偏离预期收益,导致遭受损失的可能性,也可以直接将其定义为"结果不确定性的暴露"。

美国金融历史学家彼得·L.伯恩斯坦曾说:"风险管理的本质就是把我们对结果有所控制的领域最大化,而把我们完全不能控制结果和我们弄不清因果联系的领域最小化。"外部环境的不确定性是银行经营面临的常态,在经济周期转折或经济结构调整、市场波动增加的特殊时期,不确定性导致银行实现"最大化""最小化"的难度大大增加,历史经验反复并将持续证明,能够稳妥应对不确定性的银行一定是那些具备理性风险管理体系、稳健风险管理文化、审慎风险管理能力的银行。

因为银行风险是银行业发展的内在推动和制约力量之一。银行风险客观存在于经营活动全过程中,既带来机遇又带来挑战。通过有效风险安排,可以规避风险负面效应,获取较好收益;同时,风险造成的严重后果能够对银行行为产生约束,成为业务过度扩张的有效制约力量。

巴塞尔银行监管委员会将商业银行主要风险划分为信用风险、市场风险、操作风险和其他类型风险(流动性风险、法律合规风险、声誉风险、国家及转移风险)四大类。

银行的核心价值的具体内容是银行家要认知和加以解决的问题,核心问题基本解决了,技术问题便可以迎刃而解。银行风险管理就是要处理好:第一,效率与控制的关系,即怎么赚钱的问题。在追求发展的过程中,既能实现效率要求,又能实现安全要求,通过内控体系和业务流程的设计,并使之有效运转,从而推动实现健康而有效率的效益目标。第二,对风险管理的认知与识别,即在哪儿赚钱的问题。风险管理不仅是纯粹的管理行为,也是创造价值、控制成本、增加收益的有效手段。第三,风险成本与收益的关系,即能赚多少钱的问题。选择客户首先要识别风险,识别风险的前提是对风险及风险管理的认知。第四,银行的发展路径同生存方式无法切割的问题。任何银行都应当在确定生存方式和发展路径的指导思想下,制定适应自身特点的风险偏好。

风险管理是银行的核心竞争力,是创造资本增值和股东回报的重要手段;通过主动的风险管理过程实现风险与收益的平衡,不强调消除风险,而是要求在可承受范围内承担风险从而获取回报。

在实践中要做好联动制衡,即按照审贷分离、业务联动、集约管理的原则明确前台客户经理、中台风险经理和后台业务人员的职责。风险管理流程是动态改进的过程,风险管理流程的若干环节构成一个循环,一个风险管理流程的输出构成下一个风险管理流程的输入,其中,用好银行风险管理的基本技术,包括信用风险内部评级法、市场风险内部模型法、操作风险高级计量法,及第二支柱中的内部资本充足评估程序(ICAAP)至关重要。风险管理的主要工具有经济资本、客户评价、项目评估、信贷审批、风险监控和风险预警等,通过不断检查、改进和提高,可实现风险管理能力的持续提升。风险与其说是一种命运,不若说是一种选择,它取决于选择的自由度,而银行风险选择的自由度是在监管约束下的自由度。

当下,在前所未有的大变局面前,坚守风险底线是应对不确定性的"定海神针"。

总之,凡事都有风险,只是概率有大小而已。有风险是绝对的,无风险是相对的。如因有风险而不敢前行,将一事无成。风险有整体性与局部性、全程性与阶段性、孤立性与联系性之别,只要判断识别得清,规避或化解得好,风险的概率可大为降低,甚至消除。风险是可以转化的,情势万变,事在人为。故风险需要管理与经营,把握得好,高风险可以转化成低风险,甚至无风险;把控不好,低风险有可能转化为高风险,甚至有灭顶之灾。不因有风险而不为,不因无风险而过为。

塔勒布在《黑天鹅》一书中说:"做决策时,你只需要了解事件的影响(这是你能知道的),不需要了解事件的可能性(这是你不可能知道的),这一思想就是不确定性的核心思想。"未来充满不确定性,或许在变化的世界中坚持探寻不变的基因,在不变的哲学中深入发掘对应变化的良方才是辩证的。

普惠金融之小论

2019.5.31

联合国在2005年提出"普惠金融"的概念,即"以可负担的成本为有金融服务需求的社会各阶层和群体提供适当、有效的金融服务,小微企业、农民、城镇低收入人群等弱势群体是其重点服务对象"。我国在《推进普惠金融发展规划(2016—2020)》中进一步将其明确为:

> 立足机会平等要求和商业可持续原则,以可负担的成本为有金融服务需求的社会各阶层和群体提供适当、有效的金融服务。小微企业、农民、城镇低收入人群、贫困人群和残疾人、老年人等特殊群体是当前我国普惠金

融重点服务对象。

普惠金融旨在追求所有对金融有需求的群体都能够以合理的价格平等地获取金融产品和服务,让每个人享有金融服务的权利得到保障,追求在金融服务方面人人平等,使人人都能获得更加便利、更加快捷、更加实惠和更加安全的金融服务。

总结世界普惠金融发展史,普惠金融的概念最开始源于小额信贷,并经历了小额信贷、微型金融和普惠金融三个阶段。伴随着互联网金融的发展,普惠金融与互联网金融又产生了交叠。从银行的实践看,现代意义上的小额贷款起源于20世纪70年代巴西、孟加拉国等国家。1974年,穆罕默德·尤努斯创立了小额贷款扶贫项目,1983年正式创办格莱珉银行,服务对象大多是女性,以每五人一小组,小组成员间相互负有连带责任的模式向个体经营者发放小额贷款。在格莱珉银行多年的帮助下,这些群体中三分之一的人口已经脱离了贫困线,其他三分之二的人群也将很快脱离贫困线。格莱珉银行是世界上规模最大、经营效果最成功的小额贷款机构,该银行的成功运作模式被其他国家纷纷效仿。穆罕默德·尤努斯因这一成功的救济贫困的模式于2006年获得了诺贝尔和平奖。

以笔者之见,从监管和政策的维度看,首先,通过政策顶层设计以削减金融排斥,为此,各国以立法的形式强制提升金融产品与服务的可得性,特别是改善针对特定区域和人群的歧视,其根本目的在于确保"既普又惠"。其次,国家应加快出台促进普惠金融发展的法规和配套政策,给经办银行适当的补贴和税收减免,特别是在客户准入、审批、贷后管理、呆账核销等方面给予更多的宽容度,予以支持和鼓励。再次,以差别化监管政策向金融机构提供参与激励,综合运用利率、准备金率,以及再担保等工具,以确保普惠金融发展的可持续性;千方百计地降低交易成本,即通过专门的综合价格、统计核算、风险管理、资源配套、考核评价等指标,将内部资源政策向普惠金融倾斜;延伸服务半径,拓展普惠金融的广度和深度,如"裕农通"普惠金融服务点,让农民足不出村,就能办理存、取、汇、缴、查询业务,让普惠服务延伸到农村的田间地头,千家万户。实现客户融资的"立等可贷",创新"助保贷"等与政府合作的新型增信方式,让客户好贷好用。

在互联网和大数据技术高度发展的时代,银行发展普惠金融又有了新的内涵。一方面,社会大众、小微企业、涉农领域等"长尾"客户对银行越来越重要,都需要银行深耕普惠领域,实现"破局";另一方面,金融科技的发展使通过大数据识别和管理普惠客户的贷款风险成为可能,为低成本、高效率地"破冰"提供了条件。普惠金融是一路先手棋子,只有下好先手棋,才能引导更多的"金融活水"浇灌更多的实体经济"沃土"。

建设银行先知先觉,率先启动普惠金融战略,以金融科技为引领,以"双小"客户为目标,并非放弃"双大"优势,而是要西瓜芝麻一起捡,可谓是一举多得:一是得到了中央和各级政府的高度肯定,二是得到了广大普惠客户的极度认可,三是得到了大量业务的机会(普惠金融对客户账户增长、传统存贷汇发展、生态圈搭建等方面的作用不可估量),显而易见,未来的金融必将是得"草根者"得天下。

建行重庆分行人在用普惠金融的"手术刀"解决社会痛点难题的同时,也收获了自信和尊严。普惠金融的发展给每位员工(特别是基层网点员工)都有"出彩"的机会,不用再一味地"求客户",而是与客户平等地沟通交流,找回了银行人职业的尊崇感,找回了业务发展自信,每个人都是"银行家",基层网点员工更加神采飞扬。

建行重庆分行的普惠金融之路任重而道远,可喜的是,我们看到,青年才俊王向晖带领下的普惠团队,睿智、创新、务实、担当,更加自信坚定地走下去……

住房租赁之小论

2019.10.18

《汉书·货殖列传》曰：

各安其居而乐其业。

中国自古以来就有安居乐业的说法，房子是个人生活最基本的需求，只有具备安定的住所，个体才能以愉快的心情开展工作。从国家的角度出发，住房是民生工程，直接关系到整个社会的稳定。

根据所有权属性，住房大体分为自有住房和租赁住房两种。随着中国城镇化率的不断提高，住房租赁已经成为城市新居民的一种重要安居方式。据调查，截至2016年，我国城镇化率已经达到57.35%，预计2030年全国城镇化率将达到65%左右。截至2016年，全国共有3150.5万户家庭通过市场化途径租赁住房，占城镇全部家庭的13.9%。

从国际经验看，发达的住房租赁市场是住房市场体系中必不可少的组成部分，主要发达国家租赁住房占比达到35%—50%，机构在住房租赁市场上发挥主要作用，相关法律制度较为完善，包括立法、规章、税收、补贴、运行监测等，为住房租赁市场的稳定发展提供了保障。总体来说，国外住房租赁市场通过市场性分配和保障性分配共同作用，政府在市场机制优先的情况下以租赁立法、政府引导、金融支持等方式管理服务市场，对市场机制进行补充和修正，取得了较好效果。

相较而言，我国住房租赁市场发展起步较晚。回顾我国住房制度的发展历程，大致可分为四个阶段：第一阶段是福利性质的租房阶段，第二阶段是住房实物分配向住房市场化改革探索阶段，第三阶段是住房全面市场化阶段，第四阶段

是2015年后逐步进入租购并举阶段。2016年5月,国务院《关于加快培育和发展住房租赁市场的若干意见》指出:

> 实行购租并举,培育和发展住房租赁市场,是深化住房制度改革的重要内容,是实现城镇居民住有所居目标的重要途径。

2017年10月,党的十九大报告进一步提出:

> 坚持房子是用来住的、不是用来炒的定位,加快建立多主体供给、多渠道保障、租购并举的住房制度,让全体人民住有所居。

住房租赁市场是房地产市场的重要组成部分,培育和发展住房租赁市场是推动房地产市场供给侧结构性改革,优化房地产市场结构,构建房地产行业长效发展机制,满足社会民生需求的重要抓手。但住房租赁市场目前仍然存在政策配套不完善,市场基础设施建设滞后,市场散、乱、不规范,金融支持覆盖度和渗透率不足,不能有效满足新市民租住群体需求等问题,并引发了一系列社会经济风险。

以笔者之见,社会民生"痛点"的深层原因往往是体系性、结构性问题,需多维度寻求解决方案。从市场定位看,住房租赁市场是服务社会民生的重要一环,应以区域、产品的结构性调整为主,稳步完善住房租赁市场体系;应注重政策和服务有效性,做好租购平衡、增量和存量平衡、市场化租赁和保障性服务平衡。从实施策略看,租赁关系稳定的市场体系核心在于租购同权,但短期内较难取得实质性成效,增加供给、加大金融支持力度等政策可相对快速有效地解决住房租赁市场前期发展中的障碍,可采取同步启动、先易后难、分类实施的方式,加快推动各地制定培育和发展住房租赁市场的实施意见,将土地、财税、金融支持作为重点措施,市场化租赁和保障性租赁并举,高、中、低端分类施策,丰富住房租赁市场主体,畅通服务渠道。

2017年,建设银行认真研究,精心谋划,决定将住房租赁作为全行战略性业务,从供给侧发力,主动探索多渠道、市场化手段新模式。针对租房被边缘化,市场规范性、真实性和服务缺失等"痛点",以"平台+金融产品和服务"畅通市场通道,满足社会需求,服务行业监管,完善市场机制,积极打造开放普惠型的住房租赁服务生态。一是依托金融科技,搭建了集政府监管、公租房管理、市场监测分析、交易服务、租赁企业业务管理五大系统于一体的住房租赁综合服务平台,既配合政府做好市场监管监测,为市场注入信息透明、流程规范的运营规则和标准,又为租赁企业和客户整合供房、承租、融资、租后管理等全流程服务。截至目前,建设银行已与全国94%的地级及以上行政区签约,300多个城市实现平台上线,建融家园平台累计上线房源超过1700万套,注册人员超过1000万。二是创新推出了多项金融产品和服务方案,为市场主体提供住房租赁全链条、全方位金融服务。从支持租赁住房建设的住房租赁支持贷款,到稳定长租关系、平抑租金市场价格波动的租客消费贷款;从首单银行间长租公寓ABN,到设立住房租赁发展基金;从提供综合信用评价指数,到已在50余个城市发布住房租赁指数……不一而足。三是打造住房租赁开源生态。深度挖掘住房租赁市场供给端和需求端，完善B2C、B2B2C、C2C、C2B2C等各类模式的解决方案，动员和组织市场上一切力量参与住房租赁，推动住房租赁市场的发展与完善。尤其是创新家庭不动产财富管理暨"存房"业务，引导零散房源租期"由短变长"，破解社会存量房源进入租赁市场的终极难题。四是积极培育长租文化。率先提出"房子是用来住的，租挺好""长租即长住，长住即安家"的住房新理念，获得了社会高度认同。

住房租赁战略是新金融履践初心使命的典型体现，通过金融这把"温柔的手术刀"疏浚楼市"堰塞湖"，让真正的住房需求者化解他们"居者不易"的"痛点"，让全体人民住有所居的美好愿望早一天实现。

逾甲子服务国家建设砥砺前行，卅余载助力人民安居不忘初心，发展住房租赁业务是国家的要求、银行的责任，同时也是建行发展的必然选择。我们将立足传承、锐意创新、砥砺前行，全面深化G端连接，推动B端赋能和C端服务，从租房生态链入手,从服务端发力,借力互联网思维畅通住房服务通道,推行平台式经营,整合社会公共资源,引导社会转变住房消费观念,为新金融实践探索贡献智慧和力量,真正做好住房租赁市场的引领者和推动者。

杠杆之小论

2018.9.14

"杠杆",原是一种简单的机械,后引申为经济学名词,简单地说,杠杆就是借钱办事。借钱扩充现有资产就是加杠杆,还钱减少现有负债就是去杠杆。最常见的杠杆就是跟银行贷款买房子,比如100万的房子,首付30万,向银行贷款70万,也就是用30万资金借助于70万的杠杆撬动了100万的资产。

对企业而言,经营风险的大小常常以经营杠杆来衡量,它是企业计算利息和所得税之前的盈余变动率与销售额变动率之间的比率。金融杠杆简单来说就是一个乘号,使用这个工具可以放大投资的结果。无论最终的结果是收益还是损失,都以一个固定的比例增加。合理运用杠杆有利于政府、银行、企业、家庭合理规避风险,提高资金运营效率。

"去杠杆"是指政府、金融机构、企业、居民减少负债的过程。当经济好,比如资本市场向好时,高杠杆模式会带来高收益,也往往让人们忽视高风险的存在。等到资本市场下滑时,杠杆效益的负面作用就开始凸显,风险被迅速放大。对于使用杠杆作用过度的机构和企业来说,资产价格一旦下跌,亏损则会非常巨大,甚至破产倒闭。

在持续三年去杠杆的过程中,经济下行压力增大,违约潮起,民营经济首当其冲。上市的民营企业因股权质押,资金面临归零。为了保增长、保就业,显而易见,就应该适度地加杠杆。谁来加杠杆?稳增长的行为主体并非国家主管部门,而是经济的实际参与者,即企业、居民和地方政府。国有企业加杠杆面临着强制性监管约束,到2020年末须比2017年末降低2%。根据财政部的数据,截至2018年12月末国有企业资产负债率为64.7%,与2017年末的65.7%相比,下降了1个百分点。也就是说,未来两年内国有企业的资产负债率还要继续下降1%。

民营企业加杠杆面临来自意愿和资金的双约束。2016年年中以来的经济复苏,民营企业利润增速持续低于国企。许多突发性事件亦对民营企业家的信心造成打击,很难想象这种条件下民营企业会有强烈的信用扩张意愿。同时,民营企业面临的金融约束始终存在,在银行风险偏好持续下行的大环境下,缺乏信用背书的民营企业无法得到来自银行等金融部门的强力融资支持。

地方政府还能加杠杆吗?中国政府负债水平的具体规模始终是学界和业界争论的焦点。特别是考虑到包含隐性债务后的地方政府实际债务水平比较高,隐性债务由各类地方融资平台承担,也因此增加了估算的难度。各类地方融资平台主要对接各类基建投资项目和土地储备项目,因此,地方政府加杠杆与否会直接影响到基建投资和房地产投资。

国际比较的结果表明,中国居民部门的杠杆率(债务/GDP)并不算高,略高于新兴市场的平均水平,与发达国家的平均水平还有相当差距。中国央行也反复强调这一点。但是，总量水平不高并不意味着风险可控，增速较快同样也不意味着没有继续加杠杆的空间。事实上，近三年居民部门杠杆率的飙升主要源于居民的购房行为，其中由货币化棚改政策引致的以三线及以下城市为主的房地产超额需求是主因。

在我国，以间接融资为主的金融体系下，银行作为最大的间接融资中介是所有部门实现信用扩张的必经之路。换言之，无论是政府、企业还是居民部门，要想继续加杠杆，来自银行的资金支持是必要条件。但是，目前中国银行部门的风险偏好依然低迷，且面临着非常强的监管约束，这直接限制了实体部门加杠杆的空间与潜力。

回到最初的问题，为了稳增长，谁来加杠杆，怎样加杠杆，是保持经济稳定增长的关键。在企业、家庭和政府这三大部门中，我觉得加杠杆还得从政府开始，说具体些就是：中央政府增加赤字支出，地方政府扩大地方债和专项债的发行规模。这两项积极财政政策措施比那种"雷声大雨点小"式的减税降费宣传对经济的刺激作用要明显得多。以中国政府的威信和财力与中央银行的政策工具进行适当配合,我们完全有能力改善经济形势,并有力地影响所谓的下行经济周期。

减负之小论

2019.4.19

"减负"即减轻负担,广义的减负是指减轻社会、行业、企业以及居民的负担,如减轻中小学生过重的课业和心理负担。

笔者重读2019年的政府工作报告,有不少亮眼的数字。其中,"减负"格外引人注目。减负组合拳,激发经济活力,预计可以带来1万亿的减税额,国内空前,国际上采取增值税的国家更未有过……

将制造业等行业现行16%的税率降至13%,将交通运输业、建筑业等行业现行10%的税率降至9%,确保主要行业税负明显降低;全年减轻企业税收和社保缴费负担近2万亿元;全面试行期末留抵退税,对生产、生活性服务行业进项税额加计抵减,减税红利惠及全社会;下调城镇职工基本养老保险单位缴费比例,各地可降至16%,今年务必使企业特别是小微企业社保缴费负担有实质性下降;今年中小企业宽带平均资费再降低15%;两年内基本取消全国高速公路省界收费站,推动降低过路过桥费用,取消或降低一批铁路、港口收费……

一个"减负"激发新活力。政府要坚决把不该管的事项交给市场,最大限度减少对资源的直接配置,进一步缩减市场准入负面清单,引导金融机构扩大信贷投放;降低贷款成本,理清规范银行及中介服务收费,综合融资成本有明显降低;加快破除民间资本进入的堵点;推动降低用电、用网和物流等成本,移动网络流量平均资费降低20%以上。

一个"减负"减出了百姓新实惠。农村贫困人口减少1000万以上;开展贫困地区控辍保学专项行动,明显降低辍学率;落实好新修订的《个人所得税法》,使符合减税政策的约8000万纳税人应享尽享。

"减负"直击当前市场主体的痛点和难点。从供给侧角度看,减税降费会增强市场主体投资能力;从微观传导来看,有利于企业部门更多地专注于实体经济,更多地注重于技术进步,而不是脱实向虚;从需求角度来看,减轻了消费者的购买负担,为消费扩张和消费升级创造了条件;从宏观传导来看,在经济衰退时,减税降负、积极的财政政策效应更加明显。一系列"减负"的措施紧扣发展关键,聚焦民生重点,旨在提升经济社会发展与百姓生活的质量。

"减负"的背后,是一系列政策措施释放的长久红利,是党和国家心系百姓、执政为民宗旨的体现。由此,我联想到,古往今来,但凡仁者之政,政成在简易。政简易从,大抵并官省职、务从简约。唐太宗李世民主张明定员额,力求精简:"若得其善来,虽少亦足矣;其不善者,纵多亦奚为?"由此开创了贞观之治。革命战争年代,陕甘宁边区推行精兵简政,减轻老百姓负担,不仅增加了生产,克服了物质困难,还有力提高了工作效率和部队战斗力,这其中大道至简的道理,至今仍给人深刻的启示。

"繁苛怠政积弊，简约便捷生利。"《人民日报》曾强调，政简易从就是强调改革者要主动遵循治理规律，向市场减负；就是要精兵简政，积极地推动职能转变，营造良好的营商环境；大幅降低制度性交易成本，为企业松绑，为群众解绊，为大众创业、万众创新提供便利条件，从而引导和改善市场主体的预期，提高资源配置效益和公平性。换个角度看，无招胜有招的"放水养鱼"亦是政府自身的"放手减负"，把文山会海和廉政风险降下来，让基层干部从无谓的事务中解脱出来，集中精力优化管理和服务。

化简为繁易，化繁为简难。大道之行在于简，大道的终极使命是践行，为政尚简不尚繁。简约之美，美在务实和担当，实在激发市场主体的活力、创造力，解放和发展生产力。今天，改易更化、祛繁行简，需要牢牢坚持以人民为中心，深刻地认识到减负是激发市场主体活力的必需，真正使市场在资源配置中起决定性作用。唯有此，中国经济才能平稳健康发展。

港湾之小论

2018.12.21

人们都喜欢把家比作港湾。港湾是什么？是河流中最平静的一泓水，是船停泊的地方，任凭外面风浪滔滔，这里却总是波澜不惊；无论外部气候如何变化，严寒酷暑或雾霾围城，家始终健康平静。家是温馨的港湾，永远在大家的记忆里，在醒来梦去的眸子里，清晰如昨，是写不完的诗的生命……就是这样一个地方，它不需要像外面世界那样绚烂，它只是让你在这里能够安静地休憩，恢复体力，修补创伤，在太阳升起时再度精神饱满地踏上征程。试想，当劳累了一天的人们回到家，亲人送上一杯水，面前有一桌可口的饭菜，你会感觉到何等的舒心。家才是你和家人在一起的情感寄托、灵魂的栖息地。拥有它时,它平凡如柴米油盐酱醋茶;失去它时,掏心掏肺也找不回……

单位是事业成长的港湾。各行各业的人们都在各自牢固的港湾里工作着、学习着、忙碌着、努力着,从一个个初出茅庐、带着稚气的学生仔,历经淬炼,成长为社会的栋梁之材、中流砥柱。

母亲的怀抱和摇篮是孩子的港湾。"睡吧,睡吧,我亲爱的宝贝,妈妈爱你,妈妈喜欢你。"在母亲的呵护下,孩子逐渐长大成人,"谁言寸草心,报得三春晖"。母爱,幽香淡淡;母爱,遮风挡雨;母爱,绿意清凉。

音乐是情感宣泄的港湾。有一首歌,叫《爱的港湾》,"爱的港湾,充满喜乐平安,你总会在那里,等我停船靠岸",一个可靠的爱人,对人生是何等的重要!

书籍是心灵宁静的港湾,为心灵提供安全的避风港,为心灵提供舒适的家。执笔抒韵律,婉约吟诗音,静夜听一袭清风入卷,枕一方素绢词章,唐风宋雨含笑赏,时空依稀入诗行。温婉了一卷墨香醇芳,你唇间浅浅一笑,阡陌繁华开。

墨香里，流芳着数不清的故事。以上种种，在这温婉的时光中，无不让人心生温暖，"烟艇横斜柳港湾"。

在当下，还有一种港湾叫"劳动者港湾"，这是建行开全国金融系统之先河所创造的。所谓"劳动者港湾"，就是建行的营业网点为户外的劳动者和客户提供配备有卫生间、饮水机、休息桌椅、图书、Wi-Fi、手机充电器、点验钞机、老花镜、雨具、急救箱等基础惠民服务设施，以及母婴室、婴儿车、微波炉等人文关爱服务设施，其服务对象包括环卫工人、交通警察、城管人员、快递员、志愿者等户外工作者以及老弱病残孕等不同群体。真正让"劳动者港湾"成为萦绕爱与幸福的作坊，盛满温馨和感动的等待。种一粒爱的种子，掬一束阳光的明媚，已然足够温暖一冬……

千里为重，广大为庆。在美丽的山水之城，盼达汽车的司机讲，"劳动者港湾"想群众之所想，急群众之所急，把"用心"做到了极致；环卫工人说，"劳动者港湾"既可以遮风避雨，又能避暑纳凉，对我们一线劳动者来讲是雪中送炭，饱含满满的情谊；快递小哥说，"劳动者港湾"将金融服务的内涵拓展到惠民服务，既传播了建行的温度，又弘扬了社会的正能量。——正如8月22日重庆市市长在中国智能博览会上专程参观建行"劳动者港湾"时所说："这是建设银行对一线劳动者做的一件大善举……"

而建行人回应：

> 改革开放四十年来，是千千万万的劳动者、消费者为银行的发展铺垫了基础。银行应饮水思源，始终把人民群众的切身利益放在心上，发展成果要反哺社会，回馈大众，关爱和服务劳动者是最光荣的事业……

厉害了，我的行！继进军住房租赁市场、成立金融科技公司、狠抓普惠金融的"三大战略"之后，建行再推出"劳动者港湾"，一招制胜，步步领先。这些举措亮点纷呈、大道至简，却一脉相承，彰显了建行国有大行的担当与使命……作为一名在建行工作近四十年的"老兵"，我无比自豪、无限感慨！

狼性精神之小论

2019.3.1

欣悉,建行重庆分行公司团队又荣获系统先进集体,受到总行表彰,且是连续五年获此殊荣,我甚是喜慰,感慨万千。写了近两年的小论,还从未拾笔赞一赞这支"狼性团队",即公司条线。公司、机构、投行、国业、普惠、结算等部门,条线501人,平均年龄34.8岁,在承恩同志的直接带领下,寄望、曹颖等同志挂帅担纲,他们睿智,工作思路清晰,顽强拼搏,取得了不菲的成绩,诠释了团队狼性精神的内涵……

狼者,猛兽也,陆地上生物最高食物链终结者之一,是群居动物中最守秩序、有纪律的族群。所谓狼性,就是哪里有肉,隔得老远就能嗅到,一旦嗅到肉味就会奋不顾身,勇往直前。

"狼性精神",是指将狼野性、残暴的特质变通为一种创新、拼搏的团队精神,运用到事业之中的新兴文化样态。狼性精神的本质就是奉行自然界优胜劣汰的法则,有着集体的危机意识,是在有限或劣势的资源条件下求生存发展的手段。

公司团队的狼性特征之一:善于捕捉机会。无时无刻不是这样——"眼观六路,耳听八方",从行业发展、区域策略到客户方案的制定,从定价管理到市场竞争拓展,从2014年起,狠抓"央企入渝"重大项目机遇,与全部入渝企业全面合作,确保了铁路、机场领域的信贷余额位居同业首位;密切跟进"一带一路""长江经济带"等重大项目规划,入渝的央企、世界500强企业在我行开立基本账户175个,市场占比超过1/3;负债业务实现日均、时点新增均居系统前十位;2018年普惠金融新增67.9亿元,增幅居系统第六位。

狼性特征之二:相互合作,上下联动,纵横一致。持续狼抓客户账户,截至 2018 年末,账户总量连续四年位居四行首位,四行占比 32%,其中基本户总量连续六年居四行首位,四行占比达 31.8%;对公全量客户的有效率达 46.57%,居系统第八位;托管规模 1541 亿元,居系统第九位,增速居系统第一位;债券承销业务突破百亿大关,承销规模四行"五连冠",四行占比超过 80%;同业资金业务居系统第五位。

狼性特征之三:为了目标拼尽全力,不达目标誓不罢休。不虚与委蛇,勇于担当,在首届中国国际智能产业博览会召开期间,成功举办"智能创新,科技赋能"战略合作签约仪式,与科大讯飞、京东创盟、猪八戒、马上消费等智能化龙头企业建立合作,重大招商引资客户以及资金归集均在当地市场保持份额第一的牢固地位。

狼性特征之四:具有审时度势的战略眼光和胸怀。他们既毫不留情地克服一个又一个的市场困难和难点,又能顺水行舟,知道如何用最少的代价换取最大的回报,能理性地选择客户,做好项目的取舍,仅以 2018 年末我行人民币对公存款付息率 0.94% 为例,四行最低。判断一家银行竞争力的好坏,资产质量彰显一切,难怪中后台一致评价,我行的资产质量在当地最好,位列系统第七位。这支狼性团队靠前把关,理性选择,功不可没。

　　这支团队把现代企业"狼性精神"的内涵和外延进一步拓宽为:等待最佳战机的坚韧精神,锁定目标不抛弃不放弃的执着精神,共同作战敢为人梯的团队精神。我们大家都要为他们点一百个赞! 有理由相信,在创新发展动力引擎、开启第二发展曲线的引领下,这支"战狼之师"定将战无不胜。

　　文化本身就是具有多重性的,包括狼性文化在内,都要兼收并蓄,所谓的狼性也好,羊性也好,都是一些隐喻,对于企业来讲,就是凝结成一种先进的文化加以发扬。笔者坚信,重庆分行公司团队的事例再次证明,狼性文化的内涵正在被渐渐修正,在未来互联网科技时代的发展中将更多以褒义词的形态出现。

稳之小论

2018.2.23

"稳",稳固、平稳、稳定、稳健、安稳……"稳"由"禾"和"急"组成,其意为像禾苗生长一样,不知不觉,不急不躁。脚要立稳,把桌子放稳,立场很稳,俗言有"十拿九稳""稳扎稳打"……

当下,自从宏观经济形势"稳中有变"以来,国家对各种"稳"的重视程度便与日俱增,提出了一系列"稳"的目标和举措。作为金融工作者,如何全面、精准地把握"稳"字当头,精准把握"稳"的定义和定力,在工作中更好地践行好"稳"字,十分关键及重要。此前,中央经济工作会议继续提醒要看到经济运行"稳"中有变、变中有忧,外部环境复杂严峻,经济面临下行压力，除了要一如既往地坚持"稳"中求进的工作总基调，统筹推进稳增长、促改革、调结构、惠民生、防风险工作，保持经济运行在合理区间，还进一步强调了稳就业、稳金融、稳外贸、稳外资、稳投资、稳预期的"六稳"目标。诸多"稳"字，凸显了当前经济形势的复杂性和艰巨性，同时也彰显了中国经济及时化解矛盾、深化改革开放、谋求高质量发展的底气与定力。

笔者通过自身工作的实践和现实情况的调研分析以及观察思考，发现经济领域的一些相关部门和部分人对"稳"的理解有误区，甚至有失偏颇。与"稳"相关的理论和行动误区还包括将稳增长和促改革、调结构、惠民生及防风险相对立，甚至人为割裂它们之间的辩证统一关系。比如一提稳增长，一些地方的干部就认为可以在调结构方面喘口气，将重点放到投资上，甚至回到大水漫灌的老路。再比如一提到防风险，就觉得可以暂缓促改革和调结构，因为这两者一方面紧迫性不如防风险，需要慢工出细活，恐怕会缓不济急，另一方面还可能因为促改革和调结构"诱发"所谓风险。比如对

"稳"的理解过于静态,导致在工作中畏首畏尾,只求四平八稳、不出乱子、不担责、得过且过;对实体经济特别是民营经济没有执行好不抽贷、不压贷,没有认真地做好续贷工作,痛失很多机遇。有的又对"稳"的理解过于动态,失去政策定力,而导致来回反复,甚至折腾。举例来说,面对去杠杆工作,要么过于急躁、方法简单、矫枉过正,甚至出现监管竞争,不取柔性、中性之策,导致用力过猛,对实体经济特别是民营经济造成不应有的过度伤害;要么面对去杠杆过程中不可避免的代价和痛苦,又急于加杠杆,不仅可能导致前功尽弃,损害政策的公信力和监督部门的威信,还为今后的被迫去杠杆埋下伏笔,埋下隐患……

保持经济开放、健康发展,把补短板作为深化供给侧改革的重点任务,防范化解金融风险和服务实体经济更好地结合,"稳"的定力和现实作用不言而喻。经济、金融、监管部门都要情系实体经济,不搞花拳绣腿,急企业之所急、想企业之所想,改善企业的营商环境,出真招办实事,真正解决困扰企业的融资难、融资成本高等问题,以市场、产品升级换代引导企业健康发展。我们有理由充分相信我们最大的优势是中国的大市场，这是基于人口数量的大市场。中国具有产销一体的增长机遇。其次，新技术催生新的生产方式，中国新兴的中产阶级对产品的接受度相对较高，中国老百姓追随技术进步的新生活趋势不会发生变化。如果再说到解决问题的能力和效率，我们更有中国特色的市场经济，它与西方国家的市场经济有着天壤之别。

总之，"稳"意味着不要大起大落，要解决好以上关键问题，需要全面准确地把握稳与进之间的关系，以及各个"稳"之间的关系。在重大风险挑战面前，既有防范的先手，又有应对化解的高招，厘清和完善各项政策，要接地气，落地生根。唯有此，作为一个在金融系统工作了36年的"老金融"，才有理由充分相信中国经济和社会发展定将行稳致远！

责任之小论

2019.7.12

《新唐书·王珪薛收等传赞》有云:

> 观太宗之责任也,谋斯从,言斯听,才斯奋,洞然不疑。

叔本华说:

> 上帝给我们一具肩膀,就是叫你出来挑担子的。

这两句话完美地诠释了什么叫责任。责任,首先指个体分内应做的事情、应尽的义务;其次指因没有做好分内的事情,应承担的不利后果或过失。

"铁肩担道义",责任就是有担当,有作为,完成应该完成的使命。责任一词在生活和工作中屡见不鲜,责任就是"大是国、小是家"的情怀,"天下兴亡,匹夫有责";责任重于泰山,现实中,父母与子女之间有责任,丈夫与妻子之间有责任,工作岗位与职员之间有责任。责任分为三种:家庭责任、企业责任、社会责任。

位卑未敢忘忧国,

事定犹须待阖棺。

宋孝宗淳熙三年(1176),时年52岁的陆游,被免官后病了20多天,移居成都城西南的浣花村,病愈之后写了这首垂范后世的名作《病起书怀》。陆游一生屡遭挫折,即使被罢官,仍忧国忧民,心系国家统一大业,体现出了对家国强烈的责任心。责任心就是责任感,是一个人自觉地把分内的事做好的情感和态度。相对而言,责任心与自尊心、自律心、事业心相比,是"群心"中灿烂的核心。责任心是健全人格的基础,责任心决定一切。责任是一种品质,是一种使命,是一种追求,只有敢于承担责任的人才会负起更大的使命。

责任不是一个甜美的字眼,它仅有的是岩石般的冷峻,当一个人真正成为社会一分子的时候,责任作为一份成年的礼物已不知不觉地落在他的肩上。它是一个你时时不得不付出一切去呵护的孩子,而它给予你的往往是灵魂与肉体上的痛苦,这样一个十字架,我们为什么要背负呢?因为它最终给你的是人类珍宝——人格的伟大。责任的存在是上天留给世人的一种考验,许多人通不过这种考验,逃匿了;许多人承受了,自己戴上了荆冠。逃匿的人随时间消失了,没有在社会上留下一点痕迹;承受的人也会消失,但他们仍然活着,责任精神使他们不朽。愿我们所有的人都把责任心携带在人生的路上,让人生长久地散发出金子般的光辉。

工作意味着责任,一个缺乏责任心的员工是没有价值的员工,一个缺乏责任的组织是注定失败的组织。责任对每个人来说都是一种与生俱来的使命，它伴随着我们生命的始终，每一个员工都对工作负有责任，无论你的职位高低。同样，一些优秀企业也都非常强调责任的力量，华为公司文化的核心价值观念之一就是"认真负责和管理有效的员工是我们公司最大的财富"，"责任"应贯穿于员工的全部行动。

当今职场，做好工作、提高执行力有两个条件：一是工作能力，二是责任心。两者孰轻孰重？笔者认为，责任心胜于工作能力。我在担任风险总监，给大家授课交流时经常说，商业银行的信贷管理，从客户识别、风险计量、风险排序、风险安排到贷后管理、风险预警、风险处置，看似繁杂的流程结构，其实体现的就是两个字——"责任"。做好一切事情的本源来自责任，有了责任心，工作上就不会找借口强调客观原因，不会挑肥拣瘦，不会推诿扯皮，而是发挥聪明才智，想办法打开思路，千方百计地化解矛盾，解决问题。

常言说得好，一个人能承担多大的责任，就能取得多大的成功。责任就是对自己所负使命的忠诚和守信。如果一个人希望自己一直有杰出的表现，就必须在心中种下责任的种子,让责任成为鞭策、激励、监督自己的力量,厚植于"功成不必在我"的精神境界和"功成必定有我"的责任担当。

一位伟人曾说"人生所有的履历都必须排在勇于负责的精神之后",因为责任能够让一个人具有最佳的精神状态,精力旺盛地投入工作,并将自己的潜能发挥到极致。

很多人把自己做不好工作归咎于没经验、不成熟,事实上,经验和阅历固然重要,但和责任心相比起来,则根本算不上什么。作为单位员工,不要总抱怨单位没有给你机会,不妨仔细想一想,你是否能够漂亮地完成单位交给你的任务并且没有借口?你是否平时就给人们留下了一种能够承担责任、勇于负责的印象?如果没有,你就不应该抱怨机会不垂青于你。在这个世界上,只有担当起自己应尽责任的人,才能获得成长和成功。我们每一个员工,都应该做一个主动肩负责任的人,只有这样才能担负起自己的职责,为企业也为自己创造价值。

现实生活中,对工作负责就是对自己负责,我们是在为自己工作,因为工作不仅仅让我们获得薪水,更重要的是,它还教给我们经验、知识,从而使自己变得更有价值,这就是负责任的最好表现,职场中提升最快的往往是那些工作认真、勇于负责任的人。

拥抱责任的人,实际是抓住机会的人;逃避责任的人,看似世事通达,实际是放弃机会的人。"机会"总是藏在"责任"的深处,只有聪明的人,才能够看到机会究竟藏在哪里。对工作认真负责,你会发现自己是最大的赢家。

底线之小论

2019.4.12

底线，即最低的限度、最低的条件。

底线是做人的基石，是处世的最起码的准则，也是人们安身立命、维护自尊的法宝。

在社会经济生活中，凡事都有底线：思想的底线是积极向上，道德的底线是诚实守信，谈判的底线是公平公正，法律的底线是奉公守法……

习近平同志多次强调：

要善于运用"底线思维"的方法,凡事从坏处准备,努力争取最好的结果,这样才能有备无患、遇事不慌,牢牢把握主动权。

"人无远虑,必有近忧。"所谓底线思维,即凡事从最坏处准备,努力争取最好结果的思维。它是"有守""有为"的有机统一,是一种思维技巧。拥有这种技巧的思想者,会认真计量风险,预估可能出现的最坏情况,并接受这种情况,进而调控事物朝着预定目标发展。底线思维是一种导向性思维方法。它不是无所作为的消极被动思维,而是通过主动的底线界定和风险把控,底线发力,争取实现最好的结果。

将底线思维用于银行管理中,是一种典型的后顾性思维取向,与战略计划、绩效管理等注重前瞻性思维取向不同的是,底线思维注重对危机风险底线的重视和防范,管理目标是侧重于防范负面因素,堵塞管理漏洞,防范灭顶之灾事项的发生。它既是谋划和推动工作的内在要求,也是检验风险管理者素质和能力的重要标尺。

在银行风险内控管理岗位20多年的实践中,我经常与同业交流讨论,授课中也经常讲到底线的由来:例如把银行的风险内控管理比作一个大圆,守口把关的合规工作就是大圆中的小圆。两者相比,风险内控比合规的外延大。满足合规是风险内控最基本的目标之一,合规是底线,触碰了底线,就是触碰了红线。如果一个银行单位由于体制、机制、流程、员工素质、风险文化等水平参差不齐,内部控制没有做好,就不能算一家好银行。小圆的合规满足不了合规的基本要求,做不好守不住,就是触碰了底线,是无法容忍的。

做任何事都必须想想底线在哪里,突破这些底线的后果会怎样,防范这些底线的主体是谁,守住这些底线的路径和措施是什么。作为银行管理者,必须时刻把这四个问题放在心头,摆在案头,拿捏在手头;摒弃为了出业绩树形象而不顾后果,只有前瞻,没有后顾的错误思维方式。另外,现实生活中,少数员工干部抱着"只要不出事,宁愿少做事""不求过得硬,只求过得去"的态度,敷衍工作,还美其名曰"守住不犯错误的底线",这恰恰是对底线思维最大的误读。"守住"要"有为","有为"才能"守住",底线思维应立足于明底线、守底线,才能做到心有所畏,言有所戒,行有所止。要善于确立风险合规底线,善于排查各种潜在的风险,找出安全与风险、常态与危机的分水岭,唯有此,才能抓住工作的"牛鼻子"。

当下,以底线思维防范化解风险,既要防止突破底线,又要兜底保护;努力争取最好的结果,就要坚持底线思维,增强忧患意识,提高防控能力,着力防范化解重大风险。既要充分认识,充分估计,也要统筹兼顾,积极行动,防风险于未萌,化风险于将现。"惟事事乃其有备,有备无患",在治理过程中树立底线思维,一方面能强化对"害"的预防,另一方面也增加了对"利"的思考,化害为利,化险为夷,转危为机,就能促使人们更有动力、有信心,以主动的作为去争取最好的结果。

从认知视角而言,底线思维与忧患意识一脉相承。"安而不忘危,存而不忘亡,治而不忘乱",忧患意识在居安思危、思其所以危、思其终始等认知上,丰富了底线思维的内涵。底线思维源于历史文化传统,在传承与超越中不失历史厚重感和现实关切。"备豫不虞,为国常道。"以底线思维把握风险治理的规律性,有助于银行风险管理者克服阻力,解决矛盾。

要"防守"更应"作为",以底线思维防范化解风险,彰显了唯物辩证法。"纷繁世事多元应,击鼓催征稳驭舟。"唯有肩负强烈的责任感和使命感,运用底线思维做好工作,方能在船到中流浪更急,人到半山路更陡时,善于应对风险挑战。

综上,可见底线之重要,没有了底线,企业就会弄虚作假,学者就会指鹿为马,裁判就会大吹黑哨,官员就会贪赃枉法,警察就会刑讯逼供,法院就会草菅人命。从这个角度讲,底线就是生命线!

表达之小论

2019.3.22

表达是借助一定的方式将一方的思想和感情传达给另一方的一种行为。人们可以借助语言、文字、绘画、音乐、舞蹈等多种手段,以物、事、情、理为内容,以交际传播为目的,向对方传导思维所得的成果和心理情绪。

用语言向对方表示意思和情感,叫做倾诉;用语言向对方表达爱意,叫做表白。表达得很好,很清楚,叫做有说服力;表达得不好,不清楚,叫做词不达意,不善言辞。假的伪的东西拿来表达传播可谓"真传一句话,假传万卷书",害人害己不浅。

科技的日新月异改变了媒体传播的格局,自媒体越来越成为一支不容小觑的传播力量,当下"人人都有麦克风"。本来自媒体的监督是社会、行业、企业之福,但一些自媒体缺乏应有的操守,"指鹿为马",本是形容急切心态和忧伤情绪的网言网语,却成为少数网站标题制作的"口头禅"。《人民日报》曾发表过一篇题为《表达当守正,修辞立其诚》的评论,对标题党、浮夸荒诞的文风等给予了抨击,并分析道:

> 部分媒体行文浮夸,背后是"眼球情结"在作祟。修饰文辞,创新表达无可厚非,但裁剪素材、哗众取宠,则少了一份真诚,也容易助推谣言肆虐。当网络流量与广告收益挂钩,"眼球情结"就与"营销心态"结成了同盟,于是,一些新闻信息产品变成了待价而沽的商品,唯"买家"需求马首是瞻。长此以往,忽视了多方求证、核查事实的基本功,难免出现漏洞;而一旦为了抓眼球不择手段,记录历史、传播价值等媒体责任更无从谈起。

不深入生活,闭门敲键杜撰文章;不掌握情况,把讲故事当讲大话,把喜闻乐见等同于耸人听闻。如此一来,给人的普遍印象是"产品"属性偏多,"作品"属性不足,让人感动、共鸣的少,给人心灵抚慰、精神指引的更少。为什么热衷于此?可能他们自认为这是件名利双收的好事,既可以泄私愤,还可以迅速打造知名度。照这种态势下去,我们的孩子们如何静下心来学习?难道一篇八百字的作文就靠一个标新立异的标题就能赢得老师的高分吗?以哗众取宠的方式"为所欲为""指鹿为马"走捷径到底影响了谁?社会不能!我们不能!我们的下一代更不能!

现实生活中,金融系统的一线员工每日服务大众千千万万,有时仅因一名客户少了一元钱,网络上就出现"银行的服务让人气死昏过去"的标题;又如,大众创业、万众创新的新能源共享出行汽车近年来因其方便、快捷、安全且价格低廉,深受年轻人的追捧,却因一次万分之一的事故,且是驾驶者操作不当造成,就出现了标题党的"我乘坐××用车,让我看不到明天的太阳"等诋毁。诸事举不胜举,这种态势让人觉得后背发凉,联想到前有受国人尊重的科学家袁隆平辛苦研究几十年的杂交水稻,真正解决了中国老百姓的吃饭问题,而别有用心者罔顾事实,污蔑为是"断绝子孙的转基因";近有曝光银联"闪付"功能存在隔空刷卡的风险,好在银联官网发表声明,明确表示这是极少数个案,银联"闪付"既便捷又安全,在国际上得到广泛应用,风险比例远远低于万分之一点一六的行业平均水平。事实胜于雄辩,我们都要扪心自问,主张什么事,有没有深入进行核查,有没有开展第三方取证,没有调查研究就没有发言权。

如果一些自媒体人对新闻的践踏在小范围内泛起波澜,我们尚能聊以自慰,只是一场嬉戏,当不得真。可怕的是,一些面向公众的网站为了吸引点击率和流量,用"标题党"来吸引眼球,就呜呼哀哉了。难怪有人说,天下摆弄是非,唯钱不破。笔者查阅了近一年部分的"标题党"文章,真正讲事实、说道理的太少,通常带有很强的主观色彩,随意推理,缺乏第三方公信举证;其笔墨、写作手法缺乏精炼、含蓄、清新的文风,更无须谈艺术手法精湛,算得上精品的作品凤毛麟角,更多的是满屏刺眼的噱头和刺鼻的铜臭。作为公民,我们都要遵纪守法守底线，互联网不是法外之地，怎样才能给社会传播正能量？怎样才能为千千万万的自主创业者树榜样？须知好文风源于好作风，放弃守正求真的舆论担当，就是放弃公信力和权威性。

不管什么时候，"表达当守正，修辞立其诚"，自我表达也罢，替人诉求也罢，要真不要假，切忌把制造噱头当成传播规律，盲目跟风，热衷故弄玄虚，沉迷卖萌和八卦。用各种招式吸引受众固然重要，但能真正赢得读者的是内容真实、言真意切，有理有据、观点积极，这才是真诚的表达。让我们大家修辞立身，言于明道，用美好的表达为生活赋能添彩。

坚守之小论

2019.3.15

最近电影《流浪地球》票房大卖,我也到影院一睹为快。影片的题材、特效自是不用说,尤为让我感动的是在拯救地球希望破灭之时,救援队员放弃与亲人最后团聚的机会,调转车头逆流行进,抱定信念拯救地球的壮举。流浪是为了寻找,而寻找则是为了坚守,剧中人的坚守创造了生命的奇迹,这让我感慨良久……

所谓"坚守",原意是坚固的防守,不轻易放弃,后延伸为坚决守卫,坚持守护。坚是一种挺拔,而守却是一种柔情,有一种思往古之悠情的情怀。古今中外关于坚守的逸事不胜枚举,基督耶稣背负十字架,坚守一份赎罪重担;晋人孙康映雪夜读,坚守一份对知识的渴求;陶渊明东篱采菊,坚守一份脱尘与自适;李太白醉酒狂歌,坚守一份狂傲与洒脱;国人勠力奋发,坚守一份民族复兴的初心。坚守是一种意志、一种品格,更是一种情怀……

联想到身边也有这样一群"坚守者",即重庆分行审批风险团队。在众人眼中,他们和普通银行工作人员没有什么两样,但他们专业专注、严苛执着,彰显了风险管理创造价值的巨大能量,可谓是一家银行可持续发展的基石,价值创造的保障,是名符其实的"主力部队"、银行的核心竞争力。这就是我的后继者陈义同志率领的审批风险团队。

他们都知晓,在古时候,以打鱼为生的渔民们在出海捕捞的生活中,"风"即意味着灭顶之灾的"险",因此便有了"风险"。风险是损失的不确定性,是一种实际结果偏离预期结果的概率。商业银行的风险即不确定因素是实际收益偏离预期收益,从而导致遭受损失的可能性。他们通过客户的识别、经济计量、风险排序、风险安排、持续跟踪等风险管理手段规避风险,获取收益。他们坚守统一的风险偏好,真正地践行了怎么赚钱(效率与控制的关系)、在哪儿赚钱(风险管理的认知与识别)、能赚多少钱(风险成本与收益平衡)等银行核心风险问题,他们更是将经济资本、客户评价、项目评估、信贷审批、风险监控等风险管理工具运用到了淋漓尽致的地步……

——他们敬业担当,在王翎、赵吉新、许斌的先后带领下,年均审批金额3827亿元,不良率0.79%,资产质量保持系统内前茅。

——他们把自己的职业当作神圣的使命,尽心、尽职、尽责,不亵渎自己的职业,持之以恒、不屈不挠、水滴石穿般地坚守……

——他们具备专业的技术和技能,对同样的问题,比一般人员看得更专业专注,分析判断更准确,更可贵的是,他们理性、前瞻、博广,对于风险问题能全面、深刻地理解。

——他们有悟性,看待问题、了解问题、分析问题具有职业敏感性,能透过事情的表象捕捉到事物的本质,工作中没有心浮气躁、浅尝辄止的通病,善于汲取经营条线的灵感和智慧,超前预判,靠前引领。

——他们睿智,有主意,有主张,具备发现问题、分析问题和解决问题的能力,能拿出解决问题的方案和方法,引导全行求真、求实,不编故事,更杜绝"别人杀人,跟随放火"的行为。

——他们有大局观,在处理问题时,不拘泥于个人的职责和视野,具备宏观意识、全局意识,不简单地说句"Yes"或"No",稳住心神,心无旁骛地遵循商业银行的客观规律。

——他们有平衡风险与收益的胆识,率先尝试应用RAROC工具引导全行在授信申报当中先"算账",做正确的事,把正在干的事做得更好。

——他们坚持学习,坚持理论先行,2006年以来累计形成审批指引、授信方法、授信工作参考等专业化研究成果200余篇,为授信审批科学决策提供了强有力的支撑。

2006年以来,这支团队连续多年荣获"优秀风险管理团队""授信审批管理先进集体"等荣誉。近三年,在总行授信审批能力评价考核中,团队连续获评A档,保持了系统前三名的骄人成绩。难怪全行上下一致称道,重庆分行的资产质量同业最好,系统最优,这支团队功不可没,头等功非他们莫属。

当下,经济下行压力增大,面对过往,他们这样说道:"凝聚共识守底线,稳中有忧防风险。踏平坎坷成大道,斗罢艰险又出发。"他们是这样说的,也是这样践行的,我们翘首企盼这支团队再创丰硕的成果。

说话之小论

2018.11.24

说话,就是用语言表达意思。中国的语言不仅词汇量丰富,而且每个词语所要表达的意思更是丰富多彩,且随语言环境的变化而变。就拿"说话"这个词来说,可以理解为发表见解,如"矍铄夸身健,周遮说话长";可以理解为闲聊,如"共妾围炉说话,呼童扫雪烹茶";可以理解为指责、非议,如"你这样假公济私,群众可要说话了";可以理解为说理,如"衙门不主持公道,我到哪里说话去";还可以理解为交涉、评论……

说什么话,表达什么内容很重要,而怎么说话有时候更重要。语言是世界了解你的通道,你所说的话就是别人眼中的你。一个成熟的人一定是一个善于说话的人,话说得漂亮,那是绽放空中的烟火,简单几句,大道至简,就能让对话者茅塞顿开。一个会说话的人,如夏日里凉风习习,令人清爽;如冬日里暖阳高挂,令人愉悦;舒坦交流起来,如沐春风……

说话之道有语言技巧、说话方式、说话艺术,说什么样的话代表了你是什么样的人,一个人内心的想法最终都会折射到自己的只言片语上,体现到行为当中。说话尊重别人,别人才能尊重你;你出言不逊,又怎让人对你好言好语?说话之道首先要把无谓的胜利留给对方,懂得认输、嘴上求饶,从口头做起,好好说话……

语言虽无形却很有力量。荀子说:

与人善言,暖于布帛;伤人以言,深于矛戟。

巴尔扎克说:

言谈是衣着的精神部分,用上或撇开它,就和戴上或摘下修饰着羽毛的女帽一样。

我们常说"祸从口出",有时不经意的一句话可能招致祸患,但有时一句话也能给人带来好运。《鬼谷子·权篇》云:

> 与智者言,依于博。与博者言,依于辨。与辨者言,依于要。与贵者言,依于势。与富者言,依于高。与贫者言,依于利。与贱者言,依于谦。与勇者言,依于敢。与愚者言,依于锐。

与什么样的对象说话就采取什么样的态度,尊重、满足别人内心的渴望也能成就自己。

说话是门艺术,要用脑,更要用心。首先,说话要文静,不喧哗,不浮不躁。常言道"半桶水响叮当",这是"浮";不分时机与场合,说不恰当的话,这是"躁"。青蛙连天聒噪,人们充耳不闻;雄鸡一鸣天下白,唤醒人们迎着朝阳开始一天的劳作。慈眉善目、干净温和的人,说话娓娓道来,却如深水静流润心田。其次,献媚之言、傲慢之语都是对人心理的伤害,贫富贵贱都不能影响人格平等,不管对象如何,说话都要不卑不亢。再次,说话要摆正心态,胸怀诚心,不玩虚,不做作,弄巧成拙不如敞开心扉。说话的真实远胜过一切技巧,发自内心的话总能深入人心。还有,切忌与人交浅言深,初次见面即相见恨晚,满腹话语和盘托出,不如留点神秘感。

不长话连篇,不把话说满,留有余地是认真负责的做法。遇到急事先沉着思考,避免"急不择言",不急不乱地把事情说清楚,使听者分清轻重,从而加深对自己的信任;遇到没有把握的事情,要慎言慎行,自己做不到的事不乱说;遇到伤心事不要逢人便说,把痛苦转嫁给他人;自己的事少说,多听别人怎么说,这样才能彰显你是个明事理的人;遇见长者更是要多听少说。

——职场中,汇报工作只说结果,减少程序框套;请示工作只说方案,讲实现路径,彰显看法和能力;总结工作只说流程和关键点,谈思路,谈反思;布置工作说要点,讲考核;回顾工作,说感受,说学与悟,说今后努力方向……

——生活中,作为晚辈跟长辈说话要恭敬,作为家长跟子女说话要慈爱,作为朋友跟对方说话要尊重。同时,需要丰富自己说话的技巧,直话可以转弯说,冰冷的话用心焐热了说,批评的话一对一说,要顾及别人的自尊,关键时刻说句话,扶人一把,无声胜有声!你的好,别人会记住。

总之,说出的话只是冰山一角,海面以下是长年累月的沉淀……莫言先生曾自嘲,年轻的时候怕多言,容易得罪别人,所以笔名"莫言"。结果他创作了许多精彩的文学作品,终于获得了诺贝尔文学奖。所以,更重要的是一个人说话后的行动,不做语言的巨人、行动的矮子,行动才是最有说服力的语言……

交流之小论

2019.2.1

江河汇合而流即交流。汉班昭《东征赋》文有"望河洛之交流兮,看成皋之旋门",即指黄河和洛水的汇合;唐杜甫《陪李北海宴历下亭》诗有"修竹不受暑,交流空涌波",即《水经注》所谓"历水与泺水会"也。据此意义发展,交流现指彼此间把自己有的提供给对方,其内容广泛,涉及精神和物质各个层面,比如交流信息、交流思想、交流物资、交流文化等等。

交流的双方相互往来,沟通思想,传递感情,彼此影响。交流如空气一般供人呼吸生存,目的是让对方达成行动来理解你所传达的信息和情感。良好的交流是表达共同关心的,对方想听的,对方想说的,通过认同、赞美、询问需求的方式来实现，并以对方感兴趣的方式表达，比如幽默、热情、亲和、友善、含蓄……

多年来，我常常跟周围的同事谈到一个关键词"交流"，良好的交流沟通能使大家在学习、工作、生活中很坦诚地、很有人情味地分享。实际上，工作中的沟通交流就是管理的浓缩，不会交流的管理者一定不是个优秀的管理者。对一个组织而言，管理者通过交流沟通引领下属更好地工作；员工通过交流沟通更好地理解、执行领导的意图、决策、实现路径和目标；同事之间相互交流沟通，使团队更加精诚团结、密切合作。所有的共识、决策、行动、结果无不是通过交流沟通实现的。

当下，人人有部手机，这就是交流的平台。试想，一个人、一个团队，在工作中总会遇到这样那样的困难和问题，经过努力总会取得成效，如果能够及时地汇成信息与人分享交流，除了得到同事的赞许，又引起领导的关注，乃至帮助你解决具体问题，这样既交流了情况，又减少了交易成本（最起码不用请客吃饭、喝酒），何乐而不为？

蒙田说：

> 与别人交流，有助于自己思想的修养。

笛卡尔说：

> 阅读优秀的书籍就是和过去时代中最杰出的人物——书籍的作者进行交流，也就是和他们传播的优秀思想进行交流。

近两年我坚持每周写一篇小论跟自己的领导、同事和朋友分享，作为与大家交流思想、沟通感情的方式。谢觉哉说：

> 字难写："提起笔有千斤重"；话难说："字同音不同"。这是我们学习文化和交流文化的很大"绊脚石"。

交流沟通涉及方方面面。与人交流要注意技巧，如简化运用语言、恰当的时候说恰当的话、积极地倾听、重视反馈、控制情绪等。与人交流切勿居高临下，即使是与下属讲话，也不能一口一个"我"字，要润物细无声，深水静流，娓娓道来。交流沟通的品质取决于对方的回应，而不是自己口若悬河地滔滔不绝，交流中注意不要念人过，不忘人恩，不议人非，要有一个良好的心态。

交流沟通之重要，产生的巨大作用举不胜举，我仅以2012年我在英国牛津大学学习期间的心得感悟为例。在没有围墙的校园中，从清晨到傍晚，我看到的是年轻的同学们在泰晤士河中奋力划桨，而每到晚餐时我看到的是他们在简陋的大厅中、长排的木桌前交头接耳、交流探讨、争论不休，每顿晚餐用时都不下两三个小时，一次次的交流争论就是心灵之间的碰撞，这让我感慨万千。我想，如此自由、畅通的交流氛围，再难的疑难课题、学术研究哪还有踏不平的？同学们每天与学友、良师、团队交流分享，一个学期下来，会碰撞出多少思想的火花和灵感的启明星！难怪牛津这样杰出的大学会培养出若干世界级的大师、诺贝尔奖获得者、方方面面的社会精英和国家元首。我感悟到,一所大学除了传承的文化底蕴、治学理念,教书育人最重要的在于同学间、师生间自由平等的讨论交流,而不像国内一些大学那样,学生只是寝室、教室、图书馆手捧书本一条线,闭门苦读,而缺乏交流沟通的自觉、自醒、自律……

　　交流沟通是一门艺术,是倾听和被倾听的艺术,涓涓小溪与涓涓小溪的交流,便有了碧波连天的湖泊和浩渺无边的大海。愿所有的朋友,我们大家一起多交流吧……

理解之小论

2018.8.17

忆往昔，20世纪80年代我还在大学念书，《中国青年》刊登了一封署名潘晓的长信，他感叹："人生的路呵，怎么越走越窄？"一时间引起全国青年的热议、讨论。"理解"和"理解万岁"的口号，响彻神州大地。亲人、朋友、老师、学生、同事、陌生人……一个理解，拉近了人与人之间的距离，彼此少了一些戒备，多了一些宽容，唤起了同学们团结一心"为振兴中华而读书"的良好氛围，至今令我记忆犹新。这之后，"理解万岁"不仅成为一个时代的流行语，也曾被评为改革开放以来对人们观念影响最大的十句口号之一，影响了一代人的理念。

理解就是懂,解释起来意思虽简单,但理解是人与人之间相处所能达到的最高的情感境界。著名的印度哲学家、诗人泰戈尔曾说:"爱是理解的别名。"理解是尊重的爱,是宽容的爱,是默契的爱,是信任的爱。理解是一种高贵的语言,是人们对事物的一种态度,更是一种修养。换位思考,善解人意,处处为他人着想,最幸运的莫若两人心有灵犀,流水落花皆有意,你心换我心,一切尽在不言中。种下行动就是会收获习惯,种下习惯便会收获性格,种下性格便会收获命运。习惯造就一个人。自己能解决的问题,就别扔给别人。能够认识别人,理解别人,也就能被别人认识和理解。

理解,是春天的暖风,夏天的雨水,秋天的明月,冬天的太阳。人与人之间因为有了理解,才会有心灵的沟通,才会有深厚的友谊,才会有家庭的温馨,才会有生活的美好和社会的和谐。理解他人,可化冲突为祥和,化干戈为玉帛,化仇恨为谅解。理解如一泓清泉,可浇灭任何误会所摩擦出的火花。法国作家雨果曾说过:

世界上最宽阔的东西是海洋,

比海洋更宽阔的是天空,

比天空更宽阔的则是人的心灵。

假如缺少理解,世界将会变得多么暗淡无光。因为理解与被理解是孪生的,理解会给别人带去幸福,而被理解会让我们自己幸福。在别人的快乐与自己的愉悦里,在理解与被理解、付出与得到中能够找到一种情感的归依。

不管理解谁——亲人、朋友、陌生人,只要我们用心去理解,会使我们更受人尊重,进一步提升自己。用真情对待朋友,理解朋友的所为,你也会陶醉于友谊酿成的醇酒之中。理解笑容里的坦诚,理解问候里的关切。用宽容去包纳疏忽,用热情去化解矛盾。

理解亲情,让我们学会感恩与回报。亲情是我们面世的第一份感情,深厚而浓郁,倾尽了父母的一生,也蕴含了手足的同心。请理解亲情的无私与博大,学会在点滴中去感动,继而感恩。只有我们拥有一颗感恩的心,我们才会用更深的爱去回报。

　　理解生活,生活里有着或平凡或热烈,或缤纷或单一的方式,只有领悟了生活本身的真谛,才会让我们过得轻松。人的一生,请让理解相随,只有胸怀坦荡的人,只有敞开心扉的人,才会用人性的善良,用火热的爱心去理解别人的痛楚,理解别人的需求,也理解付出的内涵与本质。理解的背后有着一个纯洁的灵魂。理解别人,也理解自己。

　　工作了四十一年后,蓦然回首,发现理解如此之重要,所有大事、小事、难事、易事、乐事、苦事,都是一件事,事情总有因有果,人与人之间理解最重要。我对现在的生活有一种解读:想开、看开、放开。庭院里种植了竹兰梅菊,喝杯清茶看本闲书,不一定是清高。家中客人少了,也不是远俗了,草木一春皆过往,平平淡淡才是真实的生活。春到看花开,秋来扫落叶! 不羡慕别人的成果,不叹息世态的炎凉,用平常的心理解别人,理解自己,善待自己,过好每一天!

理解
之
小论

斗争之小论

2018.9.28

斗争，一个我们耳熟能详的词，也是一个历史悠久的词。战国时《韩非子》有曰：

> 宋荣子之议，设不斗争，取不随仇，不羞囹圄，见侮不辱，世主以为宽而礼之。

其中的"斗争"意思是争斗、搏斗。斗争的意思后来逐渐演化，从双方的肢体冲突，发展成言语上的争辩、控诉、批判，国家间的战争，以及为争取达成某种目标而奋斗等。

斗争精神是一个人优秀的精神品质，斗争精神能促使人意气风发,激越昂扬;斗争精神能激发人的潜能,争取成功。无斗争精神,人便会精神不振,意志消沉,懒散怠惰;无斗争精神,人便不去拼搏,常常选择放弃,不攻自败。无斗争精神之因:无志向,缺追求;无意志,缺毅力;能力差,没底气;忌惮畏惧,自卑懦弱。斗争精神来自理想,无理想便无奋斗;斗争精神来自决心,无决心便遇难辄止;斗争精神来自信心,无信心便踌躇不前;斗争精神来自勇气,无勇气便知难而退;斗争精神来自鼓舞,正能量能激励前进;斗争精神来自永不言败……

忆往昔,战争年代的血雨腥风靠斗争精神,建设年代的激情燃烧靠斗争精神,改革开放年代的顽强拼搏靠斗争精神。抚今追昔,以习近平同志为核心的党中央推进反腐败取得压倒性胜利靠斗争精神,大刀阔斧地进行各项改革,解决许多长期想解决而未解决的难题,办成许多过去想办而未办成的事靠斗争精神。

习近平同志在十九大报告第二部分"新时代中国共产党的历史使命"中,着重讲了伟大梦想、伟大斗争、伟大事业、伟大工程这"四个伟大",对"伟大斗争"的新的历史形势和启示做了深刻论述。概括地说,党要团结带领人民有效应对重大挑战、抵御重大风险、克服重大阻力、解决重大矛盾,必须进行具有新的历史特点的伟大斗争。斗争的对象是谁?我认为可以通俗地归纳为国外敌对势力、党内腐败分子、网络"恶魔"、少数分裂分子、空间争夺对手等。在应对挑战、困难、考验、危险等各种客观存在时必须具备"斗争精神",这既是一种精神状态,又是一种实践行动。我们共产党人既要积极应对"四大考验""四大危险",又要努力破解在推进中国特色社会主义伟大事业和实现中华民族伟大复兴进程中出现的诸多矛盾、难题,还要应对以上所讲的作为客观存在的各种斗争形式,对此,需要我们在主观上或精神上进行艰苦卓绝的斗争。

当下,我们努力担当干事业,在工作中敢于扛事、愿意做事,豁得出、顶得住靠斗争精神;在重大风险和挑战面前,既有防范的先手,又有应对化解的高招,更需要斗争精神;青年干部,敢于到基层一线摸爬滚打,学会真本领,练出真功夫,为民造福靠斗争精神。纵观成功与失败的案例,无不与坚持斗争精神息息相关。有斗争精神且讲究策略方法,则无往而不胜,否则,只有匹夫之勇,没有智慧、没有科学方法地蛮干,就难有好的结果。

自律之小论

2019.1.4

"修身齐家治国平天下",是中国古代儒家思想的核心,也是中国古代儒士的人生信仰。其中的第一步是修身,就是完善自我,其前提就是自律。很难想象,一个不自律的人,能修炼成为一个完善的人。自律一词出自《左传·哀公十六年》:"呜呼哀哉!尼父,无自律!"律,法也。自律,也就是自己给自己制定法条、标准,自己约束自己执行法条、标准,是一种主观意愿和个人自觉。

自律既是一种行为规范,也是对人格的一种褒扬。如朱熹《知南康军石君墓志铭》赞石鼖:

> 然自处甚约,自律甚严,在州县未尝屈意上官。

《宋史·张咏传》中,张咏尝谓友人曰:

> 张咏幸生明时,读典坟以自律,不尔,则为何人邪?

《金史·杨云翼传》赞忠谏之臣杨云翼:

> 天性雅重,自律甚严,其待人则宽,与人交分一定,死生祸福不少变。

自律之所以如此有意义、有力量,是因为它是违背普遍人性的,需要强大的意志力去应对来自人性的种种挑战——拒绝诱惑、克服拖延、控制欲望……

制度、规则、纪律是大家在生活、工作、学习中不可或缺的,如做一笔金融业务,要按制度规定的流程履行事前、事中、事后的各项管理工作;行人、车辆行进在马路上要遵守交通规则；职场上，大家的一言一行都要受到工作规范的约束，否则就毫无规则和秩序可言。但是，如果总在一种被要求的环境下学习和生活，我们是很难进步的，发自内心的主动攀登才是自我实现的动力源泉。自律是一种素质，做一名高尚的人，就要提升自身的素质与修养，树立自尊、自爱、自强的自律精神。因此，我们应该学会自我约束，自己要求自己，自己管好自己。

我经常与同志们交流，不要简单地看谁更优秀，所有优秀者背后都是苦行僧般的自律。一个人一旦懂得发自内心地尊重自己，就会进行自我约束。别人去玩乐的时候，他一个人在看书；别人享用美食的时候，他在健身房挥汗如雨；别人贪睡晚起的时候，他年如一日地坚持早起晨练。有时看上去是无趣、不洒脱，但因为自律，从书中获取了知识，从健身中获取了健康的体魄。古希腊柏拉图说"自律是一种秩序，是一种对快乐和欲望的控制"，萧伯纳说"自我控制是最强者的本能"，能控制好自己的欲望，有一套约束自己的做事原则和要求，自己就会成就更好的自己。

自律需要坚持。自律就像爬一座高山,临近山顶,能够咬牙坚持往上的人会越来越少,好的坚持本身就是一种自律。我喜欢王小波的一句话:

人的一切痛苦,本质上都是对自己无能的愤怒。

而自律恰恰是解决人生痛苦的根本途径。自律的人会将自己的生活过得井井有条,利用一切可能利用的机会让自己成长,不给"无能"蔓延的机会。大家在看央视《中国诗词大会》时,董卿所展现的才华、文采和智慧,让人真正体会到什么叫"腹有诗书气自华",而这样的气质源于她对自律的坚守,她说她依旧保持每晚睡前看一小时书的习惯。可谓越勤奋,越努力;越自律,越优秀。

人生自由要正面清单管理做加法,人生自律要负面清单管理做减法,后者是前者的充分必要条件,真正决定一个人成就的不是天分,也不是运气,而是严格的自律和持续的付出。简单的事情重复做,重复的事情用心做,目标明确了,努力了,就会发现自己比想象中的更加优秀。

当你把自律当成一种习惯,你便能学会坚持去做一件事。我退休前,每周写一篇小论,已坚持了一年,哪怕热情消退,我还会继续坚持……愿我所认识的朋友们,从当下做起,从控制熬夜,争取早睡早起,到控制食欲,工作应酬少喝酒,健身挥汗减轻体重,再到控制各种不甘心、嫉妒心、得失心等妄念、杂念。自律让生活更阳光,身体更健康。人生而自由,却无所不在枷锁当中,唯有自律者才会获得人生的自由……

激情之小论

2018.10.5

人的情感有多种表现形式,但按发生的程度和持续时间的长短,可分为三种基本形态:激情、心境和热情。就我们日常的情感体验而言,激情是这三种情感表现形式中最强烈的一种。它往往发生在突发的或强烈的刺激之后,具有迅猛、激烈、难以抑制等特点。激情是一种强烈激动的情感,伴随激情而来的,往往是一种巨大的潜能。这样的潜能会促使人处于一种亢奋的状态中,持续地全身心地投入某种行为或活动中,从而产生超出预期的结果。因此,激情是事业的强心剂,是生活的兴奋剂,是爱情的保鲜剂。一个充满激情的人,更具有活力与朝气。

激情是实现梦想的动力,激情是成就事业的关键,激情是永远年轻的法宝,激情是敢打必胜的信心,激情是感染他人的催化剂,激情是干好任何事情不可或缺的元素……一路走来我取得的每一点成绩无一不与保持激情有关。谁没有年轻过?记得我刚参加工作时,前辈语重心长地跟我讲:"年轻人,你在工作中不仅要保持朝气蓬勃的激情,更要有理智,控制约束自己,这样才能成才。"这句话让我一辈子刻骨铭心,努力践行……

——把自己的银行职业视若神圣使命,尽心、尽职、尽责,不亵渎职业,持之以恒,不屈不挠,水滴石穿般地坚守。

——以饱满的激情刻苦学习业务技能,从技术的角度,对同样的问题,比一般人看得更专业,分析判断得更准确,对事对物要理性、前瞻、博广。

——激情工作要克服心浮气躁、浅尝辄止的通病,善于学习其他同志的优点,吸取他人的灵感和智慧,不随波逐流,求真务实,"表达当守正,修辞立其诚"。

——工作中不拘泥于个人的职责和视野,激情与理智相伴,稳住心神,心无旁骛地遵循银行的工作规律。

——沧海横溢方显英雄本色,工作上除了每天投以饱满的激情,更要深水静流、豁达谦虚地待人,与人舒服地相处,做正确的事,做好手头的每一件事,大礼不辞小让,细节决定成败。

我坚信,我践行,有激情便会有奋斗与拼搏,便会使生命更精彩。激情源于兴趣、追求与热爱,无激情之人一般缺乏创造力和想象力,显得平淡低沉,使人的能量处于潜伏状态;而有激情的人富有创造力和想象力,往往能干出一番大事业。智慧配以激情,使智慧之花结出丰硕之果;理想加上激情,等于为事业加上腾飞的翅膀;激情伴随理性与执着,便会加速成功。

红了樱桃,绿了芭蕉,一晃已近一个甲子,但每每提及"激情"二字,自己就心潮澎湃,浮想联翩。做过的事,走过的路,激情伴我一生,难以忘怀。我激情,我青春……

· 代后记 ·

国风·战疫:除夕话出征

这个除夕,除了祈福和期待,我想,我同大家的心情一样。武汉的消息,万众既关切又百感交集。面对疫情肆虐的大敌当前,没有谁是能置身事外的第三方。

整台除夕春晚,我对一个节目印象最深:白岩松等主持人颂扬在前线抗击新型冠状病毒感染的肺炎疫情的医务工作者。可以说情系武汉,无心过年。

除夕本应是万家团圆的大礼重节,无奈疫情肆虐,重庆山城的优秀儿女们——陆军军医大学抽组150人医疗队连夜奔赴武汉。除夕夜,最美逆行,最美出征。祖国四面八方的天使和勇士们,舍家为国,奔向湖北第一线,可歌可泣。

出征的解释,是对外作战。自古以来,出征的情况有很多。"秦时明月汉时关,万里长征人未还。""醉卧沙场君莫笑,古来征战几人回。"古有花木兰,替父去从军;今有娘子军,扛枪为革命。后来有了伟大的长征,长征是宣言书,长征是宣传队,长征是播种机。后来又有了非典,医护人员们吹响了出征的号角。如今,新型冠状病毒感染的肺炎疫情暴发,我们的白衣天使们又一次站在了出征的战场上。

前事不忘,后事之师。十七年前的那场"非典",我们记忆犹新,我们付出了太沉重的代价,交了太昂贵的学费。今夜,笔者欣喜地看到,《人民日报》官方微信发布信息、通报,也语重心长地提示各级政府第一时间公开信息。我想,也许大家会紧张,但没有什么比公开透明更能消弭恐慌。1月24日,国务院办公厅要求从即日起在国务院"互联网+督查"平台面向社会征集有关地方和部门在疫情防控工作中责任落实不到位、防控不力、推诿扯皮、敷衍塞责等问题线索,一旦查实将依法依规严肃处理。

我在想,抗击疫情,除了专业专注的专家研究队伍、一线医务工作者、各级政务机构的优秀管理者的共同努力外,再有了政府在第一时间向全社会公布信息,新型冠状病毒的消灭指日可待。

时间进入庚子之年,我感慨万千。哪有什么岁月静好、现世安稳,只是一直有人替我们负重前行。当下,唯有保持"千磨万击还坚劲"的定力,凝聚"众人划桨开大船"的合力,风雨无阻,攻坚克难,闯关夺隘,保持越艰难越向前的大无畏精神,才能战胜疫情。沧海横流,方显英雄本色;疫情如火,"逆行者"迎难而上。

东风送春归,发我枝上花。时间属于出征的人,历史将记住今天奋进的出征者。向夜以继日奋斗在疫情防控一线的医护天使们致敬!向所有珍重生命的每一位勇士致敬!祈福武汉!祈福中国!

高永强于江与城

2020年1月25日

原载2020年2月10日《重庆日报》

图书在版编目(CIP)数据

江城心语 / 高永强著. —北京：商务印书馆，2020
ISBN 978-7-100-18127-3

Ⅰ.①江… Ⅱ.①高… Ⅲ.①社会科学—文集 Ⅳ.①C53

中国版本图书馆 CIP 数据核字（2020）第 032570 号

权利保留，侵权必究。

出版统筹　王　皓
责任印制　徐　仲
书籍设计　蒋佳佳

江城心语
高永强　著

商　务　印　书　馆　出　版
（北京王府井大街36号　邮政编码100710）
商　务　印　书　馆　发　行
南京爱德印刷有限公司印刷
ISBN 978-7-100-18127-3

2020年3月第1版	开本 880×1240 1/32
2020年3月第1次印刷	印张 12¾

定价：70.00元